reinhardt

Gisela Batliner

16,90

Hörgeschädigte Kinder im Kindergarten

Ein Ratgeber für den Gruppenalltag

Mit 12 Abbildungen

Ernst Reinhardt Verlag München Basel

Gisela Batliner, M.A., Hörgeschädigtenpädagogin und Psycholinguistin mit internationalem Diplom in Montessori-Heilpädagogik, freie Praxis in München. Langjährige klinische Tätigkeit in der Frühdiagnostik und Frühtherapie hörgeschädigter und mehrfachbehinderter Säuglinge und Kleinkinder. Umfangreiche Lehrtätigkeit auf diesem Gebiet. Kontakt: www.batliner.de

Von der Autorin außerdem im Reinhardt Verlag erschienen:

Hörgeschädigte Kinder spielerisch fördern
Ein Elternbuch zur frühen Hörerziehung
162 Seiten. 9 Abbildungen (3-497-01555-5) kt

Coverfoto: Gisela Batliner, München
Fotos im Innenteil: privat

Bibliografische Information der Deutschen Bibliothek

Die Deutsche Bibliothek verzeichnet diese Publikation in der Deutschen Nationalbibliografie; detaillierte bibliografische Daten sind im Internet über <http://dnb.ddb.de> abrufbar.
ISBN 3-497-01669-1

Printed in Germany
Reihenkonzeption: Oliver Linke, Augsburg

Ernst Reinhardt Verlag, Postfach 38 02 80, D-80615 München
Net: www.reinhardt-verlag.de   Mail: info@reinhardt-verlag.de

Inhalt

1 Einleitung

Die vierjährige Laura wird von ihrer Mutter in den Kindergarten gebracht. An der Garderobe ergibt sich ein kurzes Gespräch mit der Erzieherin: „Laura hört zur Zeit wieder schlecht. Ich glaube, sie hat wieder Wasser hinter dem Trommelfell."*

Kommt Ihnen diese Situation bekannt vor? Sicher gehört der Umgang mit Kindern, die Mittelohrprobleme haben, zu Ihrem Alltag. Doch auch für gehörlose und schwerhörige Kinder mit Innenohrstörungen ist der Kindergarten vor Ort zunehmend auch der Kindergarten der Wahl und der richtige „Förderort", wie es im Fachjargon heißt.

Der vierjährige Paul stürmt in die Gruppe und präsentiert stolz seinen neuen Rucksack: „Paul neuer Mausrucksack, Mausrucksack!!!" Sein Vater kommt hinterher und kommentiert zu der Erzieherin: „Paul ist ganz verrückt mit seinem neuen Rucksack." Paul versucht konzentriert den Verschluss zu öffnen. Der Vater sagt zu ihm, ohne dass Paul seinen Blick vom Rucksack abwendet: „Komm jetzt erst mal Hausschuhe anziehen." Paul beschäftigt sich weiter mit der Schnalle und erwidert in etwas genervtem Tonfall: „Später!"

Paul ist von Geburt an gehörlos. Er trägt ein Innenohrimplantat und hat damit hören gelernt. Er kann sprechen und Sprache verstehen. Da die Sprachentwicklung für ihn schwieriger ist und er dafür auch mehr Zeit benötigt, spricht er nicht ganz altergemäß und versteht nicht alles, was man zu ihm sagt. Aber Paul entwickelt, wie auch normal hörende Kinder, über das Hören von Sprache sein Sprachverständnis sowie sein eigenes Sprechen und versteht seinen Vater in dieser Situation, obwohl er ihn nicht ansieht, sondern nur hört.

Wurden früher in erster Linie leicht- und mittelgradig hörgeschädigte Kinder in den Kindergarten am Wohnort aufgenommen, so sind es heute zunehmend auch die hochgradig hörgeschädigten und gehör-

* Die Namen wurden von der Autorin geändert

losen Kinder. Woran liegt das? Die Entwicklungschancen haben sich für diese Kinder in den letzten 15 Jahren massiv verändert. Daran sind drei Faktoren beteiligt:

1. die verbesserte Früherkennung von Hörstörungen
2. die grundsätzlich neuen Möglichkeiten auf dem Gebiet der Hörgeräte, Innenohrimplantate und Zusatzgeräte
3. das immer genauere Wissen um den Ablauf und die Bedingungen des Spracherwerbes beim normal hörenden Kind

Ca. 90 % der hörgeschädigten Kinder haben normal hörende Eltern. Wählen Eltern den Weg der hörgerichteten Förderung (s. Kapitel 5) für ihr Kind, besteht meist auch der Wunsch, dass das Kind den Kindergarten am Wohnort besucht. Eltern wünschen v. a. die Fortsetzung der sozialen Integration in ihrem Umfeld und versprechen sich von dem guten Sprachvorbild der normal hörenden Kinder die beste Förderung für ihr Kind. Weitere Gründe, warum Eltern diesen Weg wünschen, erfahren Sie in Kapitel 2.

Die Erfahrungen und Tipps, die in diesem Buch beschrieben werden, beziehen sich auf alle Formen der Integration im Kindergarten am Wohnort, also auch auf integrative Gruppen. Genaueres dazu finden Sie in Kapitel 10 „Formalitäten und Schreibarbeiten“.

Dieses Buch entstand durch die jahrelange Begleitung zahlreicher hörgeschädigter Kinder im Regelkindergarten und die vielfältigen Erfahrungen, die ich dabei machen konnte. Für dieses Buch wurden nochmals gezielt Interviews mit Erzieherinnen und Heilpädagoginnen geführt, die derzeit hörgeschädigte Kinder in ihren Gruppen haben.

Ziel des Buches ist es in erster Linie, über die aktuelle Situation hörgeschädigter Kinder zu informieren und Ihnen damit die Berührungsängste zu nehmen, solch ein Kind in Ihre Gruppe aufzunehmen. Es soll eine Entscheidungshilfe vor der Aufnahme eines hörgeschädigten Kindes sein und eine Ergänzung zur persönlichen Beratung durch die Fachkraft, die ein bereits aufgenommenes Kind und seine Familie begleitet. Auch Kinder, die erst während des Kindergartenbesuches auffällig werden, wie z. B. Kinder mit leichteren Hörschäden, Mittelohrproblemen oder auditiven Wahrnehmungsstörungen, werden mit einbezogen. Ebenso finden Sie einzelne Aspekte zur Mehrfachbehinderung. Im Vordergrund stehen praktische Tipps für den Gruppenalltag und wichtige Hintergrundinformationen, die es Ihnen erleichtern, die Situation des Kindes besser zu verstehen, und die Sie in Elterngesprächen zum kompetenten Gesprächspartner machen.

Hören ist für uns etwas sehr Unbewusstes. Wir hören immer, auch nachts. Die Augen können wir schließen, die Ohren nicht. Es ist so selbstverständlich, dass wir uns nur schwer vorstellen können, was es bedeutet, schwerhörig zu sein. In diesem Buch werden Sie viel über diesen so wichtigen Sinneskanal erfahren, und Sie werden dadurch Hören auch selbst ganz anders und bewusster erleben.

Im Anhang finden Sie ein Verzeichnis der Fachbegriffe, die Ihnen in der Arbeit mit hörgeschädigten Kindern begegnen können. Im Text sind diese bei der ersten Nennung durch ⇒ gekennzeichnet.

„Wir haben sie aufgenommen und versucht, gemeinsam mit den Eltern und mit den uns zur Verfügung stehenden Möglichkeiten den Kindern das Leben in der Gemeinschaft mit nicht Behinderten zu ermöglichen. Die besten Therapeuten waren dabei die anderen Kinder. Sie registrierten sprachliche Fortschritte, positive Entwicklungen in den Bewegungsabläufen, im Zeichnen und Malen. Viele Freundschaften, die zwischen behinderten und nicht behinderten Kindern entstanden sind, haben die Kindergartenzeit lange überdauert" (Becker-Textor 1990, 42). Hier beschreibt Becker-Textor ihre Erfahrungen mit der Aufnahme behinderter Kinder in Regel- und Integrativgruppen. Ich werde häufig gefragt, inwiefern denn die nicht behinderten Kinder von integrativen Maßnahmen im Kindergarten profitieren. Tatsache ist, dass die Plätze für die nicht behinderten Kinder in integrativen Gruppen immer schnell belegt sind. Was motiviert Eltern dazu? Sie möchten ihren Kindern die Chance geben, im täglichen Miteinander mit behinderten Kindern ihre eigenen Erfahrungen zu machen, die sich langfristig auf ihre Wertvorstellungen und ihr soziales Verhalten auswirken.

2 Warum entscheiden sich Eltern hörgeschädigter Kinder für den Regel- oder Integrativkindergarten und welche Alternativen gibt es?

Es gibt zwei Hauptgründe, warum Eltern für ihr hörgeschädigtes Kind den Regel- oder Integrativkindergarten wählen: Einerseits die Wohnortnähe und andererseits das gemeinsame Leben und Lernen mit normal hörenden Kindern oder Kindern mit anderen Problemen.

Die Wohnortnähe bietet viele Vorteile:

- Es entfallen die meist langen Busfahrten zum Förderzentrum für Hörgeschädigte.
- Das Kind wird von den Eltern gebracht. Das beginnt mit dem gemeinsamen Weg, auf dem das Kind Freunde trifft, beim vertrauten Bäckerladen, wo es noch seine Brezen kaufen darf. Ganz nebenbei bekommt es noch Verkehrserziehung im Straßenverkehr. Dies alles entfällt, wenn das Kind vom Bus vor der Haustüre abgeholt und im Hof der Einrichtung wieder abgesetzt wird.
- Durch das Bringen und Abholen besteht ein täglicher Kontakt zu den Erzieherinnen, anderen Eltern und ihren Kindern. So bekommen auch die Eltern hörgeschädigter Kinder mehr soziale Kontakte am Wohnort.
- Besuche von anderen Kindern der Gruppe sind wegen der örtlichen Nähe einfach zu organisieren. Auch selbstständige Besuche sind möglich. So kann das Kind ganz selbstverständlich soziale Kontakte über die Familie hinaus entwickeln und pflegen. Besonders zu Beginn fühlt sich das hörgeschädigte Kind zu Hause in seiner vertrauten Umgebung sicherer als bei Besuchen in der Wohnung anderer Kinder. Die Besuchskinder können sehen, dass das Kind ganz ähnlich lebt wie sie, und sie erleben, wie die Familie mit dem hörgeschädigten Kind sprachlich umgeht. Auch Kontakte, die bereits vor dem Eintritt in den Kindergarten entstanden sind, können viel leichter erhalten werden.

- Das Kind muss nicht so früh aufstehen (nicht selten kommt der Bus schon um 7 Uhr), und kommt wesentlich früher nach Hause, als wenn es vom Förderzentrum gebracht wird, da der Bus meist eine lange Route hat, bis alle Kinder zu Hause abgesetzt sind. Diese gewonnene Zeit kommt dem Kind und der Familie zu Gute. So ist z. B. ein gemeinsames Mittagessen möglich, das häufig eine wichtige Zeit für den sozialen Austausch untereinander ist. Mehr Zeit bedeutet auch, Erledigungen wie Arztbesuche, Therapiestunden, oder einfach mit dem Kind etwas Neues zum Anziehen kaufen, mit mehr Ruhe durchführen zu können. Das Kind kann rechtzeitig zu einer Geburtstagseinladung gebracht und andere Angebote für Kinder, z. B. von der Gemeinde, können wahrgenommen werden.

  „Mir, als Mutter, geht es besser dabei. Wir alle haben nachmittags mehr Zeit und Ruhe, uns etwas vorzunehmen. Mal ist das eine Kind dran und wird zum Freund oder Sport gefahren, mal das andere. ... Das schlechte Gewissen, mich immer um Kathi kümmern zu müssen in der kurzen Zeit, in der sie zu Hause ist, gehört der Vergangenheit an" (Martin/Martin 1998, 21).

- Die Eltern oder andere enge Bezugspersonen können schnell vor Ort sein, wenn es mal nötig ist, z. B. wenn das Kind sich im Kindergarten verletzt oder erkrankt.

Das Kind kann mit normal hörenden Kindern gemeinsam leben und lernen:

- Das gute Sprach- und Kommunikationsvorbild der anderen Kinder ist für die Sprachentwicklung des hörgeschädigten Kindes von entscheidender Bedeutung. Da auch die meisten hörgeschädigten Kinder über das Hören Sprache erwerben, ist es entscheidend, was sie im täglichen Umgang an sprachlicher Kommunikation erleben. Im Regelkindergarten erlebt das Kind Sprache als selbstverständliches Ausdrucksmittel.
- Oft begründen Eltern den Entschluss auch damit, dass sie keinen Schonraum für ihr Kind wollen. Die kleine Gruppe in der

⇒ SVE (Schulvorbereitende Einrichtung) für Hörgeschädigte mit akustisch optimal gestalteten Räumlichkeiten und besonders geschultem Personal entspricht nicht dem sozialen Umfeld, in dem das Kind lebt und in dem es sich später zurecht finden muss.

- Besucht das Kind erfolgreich den Regelkindergarten und verläuft seine Sprach- und Gesamtentwicklung entsprechend, kann es mit vertrauten Kindern seiner Gruppe den Start in der Regelschule gemeinsam erleben. Da der Regelkindergarten nicht selten der Einstieg für das Kind in eine spätere Regelschullaufbahn ist, wünschen sich Eltern auch deswegen, dass ihr Kind diese Chance der integrativen Erziehung von Anfang an bekommt.

Daneben können aber auch folgende Gründe eine Rolle spielen: Die Eltern kennen den Kindergarten bereits über ältere Geschwisterkinder und sind mit den Erziehrinnen vertraut. Außerdem ist auch das hörgeschädigte Kind nicht mehr fremd, da es beim Bringen und Abholen häufig dabei war. Es ist so ganz selbstverständlich als Familienmitglied bekannt und mit seinen besonderen Bedürfnissen akzeptiert. Oder der Kindergarten wurde den Eltern von Freunden empfohlen, die dort gute Erfahrungen mit ihrem Kind gemacht haben.

Doch was ist, wenn Eltern den Regelkindergarten nur wählen, weil sie die Schwere der Behinderung ihres Kindes und die notwendigen besonderen Hilfen nicht akzeptieren können und der Bus der Fördereinrichtung nicht vor ihrem Haus halten soll? Oder das Kind erst spät diagnostiziert wurde und zum Kindergarteneintritt noch kaum Sprachverständnis und gesprochene Sprache erwerben konnte? Was ist, wenn das Kind zusätzliche Entwicklungsprobleme hat und deshalb nur sehr langsam zur Sprache kommt oder als Aussiedlerkind nicht nur mit seiner, meist spät erkannten, Hörschädigung zurecht kommen muss, sondern auch noch mit einer fremden Sprache? Dies sind nur einige Beispiele, bei denen die Entscheidung für den Regelkindergarten gut überdacht werden muss. Grundsätzlich ist es wichtig, dass Sie als Erzieherin auch über die Fördereinrichtungen für Hörgeschädigte in Ihrer Region informiert sind. Das geschieht am einfachsten durch die Fachkraft, welche die Frühförderung des Kindes bis zum Kindergarteneintritt durchgeführt hat. Zusätzlich gibt es einen Ratgeber mit

Anlaufstellen für hörgeschädigte Kinder im gesamten Bundesgebiet, herausgegeben von der Bundesgemeinschaft der Eltern und Freunde hörgeschädigter Kinder in Hamburg; die genauen Angaben dazu finden Sie im Anhang. Vorteile einer SVE sind die kleinen Gruppen (häufig nur bis zu 10 Kinder), Erzieherinnen und Heilpädagoginnen, die spezielle Fortbildungen und Erfahrungen mit hörgeschädigten Kindern haben, und die akustisch optimal gestalteten Räume. Dazu kommt meist die Betreuung der Kinder durch einen Hörgeräteakustiker, der die Geräte während der Gruppenzeit überprüft, die Möglichkeit von Hörprüfungen zur Kontrolle des Hörvermögens in der Einrichtung und psychologische Untersuchungen zur Gesamtentwicklung der Kinder. Zunehmend bieten auch SVEs die „umgekehrte Integration" an und nehmen hörende Kinder in die Gruppen mit auf. So haben die hörgeschädigten Kinder zwar ein besseres Sprachvorbild und evtl. Kontakte zu normal hörenden Kindern, alle beschriebenen Aspekte zur Wohnortnähe sind jedoch nicht gegeben, es sei denn, das Kind wohnt ganz in der Nähe der Einrichtung. Doch auch dann sind die Kontakte zu den anderen hörgeschädigten Kindern der Gruppe meist sehr schwierig, weil sie aus einem großen Einzugsgebiet zusammen kommen. Häufig haben mir Eltern berichtet, dass sie ihr Kind nicht in einer SVE für Hörgeschädigte anmelden möchten, weil sie fürchten, dass später die Schulentscheidung nicht neutral getroffen wird, da die SVE immer einer Schule für Hörgeschädigte angeschlossen ist.

Für mehrfachbehinderte Kinder mit Hörschäden gibt es spezielle Einrichtungen. Hier muss im Einzelfall entschieden werden, welche Behinderung im Vordergrund steht und welche Einrichtung auch vom Weg her gut erreichbar ist. Wenn die spezielle Einrichtung für mehrfachbehinderte hörgeschädigte Kinder weit entfernt liegt, kann der heilpädagogische Kindergarten vor Ort z. B. für ein Kind mit geistiger Behinderung der richtige Platz sein. Die Mitarbeiter der pädagogisch-audiologischen Beratungs- und Frühförderstelle können dann in Fragen zur Hörschädigung Unterstützung geben. Auch in heilpädagogischen Einrichtungen werden zunehmend integrative Gruppen angeboten.

Selbstverständlich entscheiden letztendlich die Eltern, ob sie den Kindergarten vor Ort oder das Förderzentrum für Hörgeschädigte wählen, und daher sollten Überlegungen und Aktivitäten zu einer Entscheidungsfindung immer gemeinsam besprochen werden.

Wird bei Ihnen ein Kind angemeldet, das begleitende ⇒ Gebärden für seine Kommunikation benötigt, ist es unbedingt erforderlich, dass Sie die Gebärden des Kindes verstehen und sich auch selbst unterstützt durch Gebärden ausdrücken können. Das Team sollte daher bereit sein, Gebärdenkurse zu besuchen. Dies kommt zwar nicht oft vor, weil die Eltern dieser Kinder in der Regel eine SVE-Gruppe wählen, in der Gebärden verwendet werden. Es ist aber denkbar, dass z. B. die Fördereinrichtung so weit entfernt ist, dass der Fahrtweg dem Kind nicht mehr zumutbar ist, und die Eltern verständlicherweise bei ihrem so jungen Kind keine Internatsunterbringung wünschen. Gebärdenkurse werden meist über die Volkshochschulen angeboten.

Was ist zu tun, wenn ein Kind erst während der Kindergartenzeit als hörgeschädigt erkannt wird? Es sollte nicht automatisch ein Wechsel in eine SVE erfolgen. Es muss sorgfältig im Einzelfall überlegt werden, ob die weitere integrative Erziehung für das Kind nicht der bessere Weg mit der besseren Förderung ist, ob das Kind sich bereits gut eingelebt hat und damit ein Wechsel ein harter Bruch seiner sozialen Beziehungen wäre. Möglich ist auch, dass das Kind bisher eher Außenseiter war und mit der Hörgeräteversorgung und speziellen Förderung zu Hause den Weg in die Gruppe gut schafft.

Sie sehen, dass bei allen Vorteilen der integrativen Erziehung hörgeschädigter Kinder es immer eine Einzelfallentscheidung sein muss, welche Einrichtung die geeignetere ist. So kann auch durch die Betreuung in einer SVE die soziale Integration gefördert werden, da das Kind unter den dortigen Bedingungen besser zur Sprache kommt. Manche Kinder fühlen sich auch sicherer unter Kindern, die ebenfalls Hörgeräte oder ein ⇒ Cochlea Implantat (Abk.: CI) tragen.

Die Integration im Regelkindergarten selbst hochgradig hörgeschädigter und gehörloser Kinder ist jedoch, besonders durch die immer bessere Früherkennung und die Möglichkeit der Versorgung mit einem Cochlea Implantat, ungleich erfolgreicher als noch vor wenigen Jahren. Daher wählen viele Eltern mit gutem Grund diesen Weg für ihr Kind.

3 Gut hören – schlecht hören

3.1 Wie hören wir, wenn wir normal hören?

Wir hören immer, auch nachts. Unsere Ohren sind immer offen und geben uns selbst im Schlaf durch vertraute Geräusche die Gewissheit, dass alles in Ordnung ist, oder lassen uns aufwachen, wenn bestimmte Geräusche wie das Telefonläuten uns erreichen. Hören ist für uns so selbstverständlich und dadurch sehr unbewusst. Doch wir hören nicht nur mit dem Ohr, sondern auch mit dem Gehirn. Im Ohr geschieht die Schallaufnahme und die Umwandlung in Nervenimpulse. Die Verarbeitung dieser Nerventätigkeiten geschieht jedoch nicht im

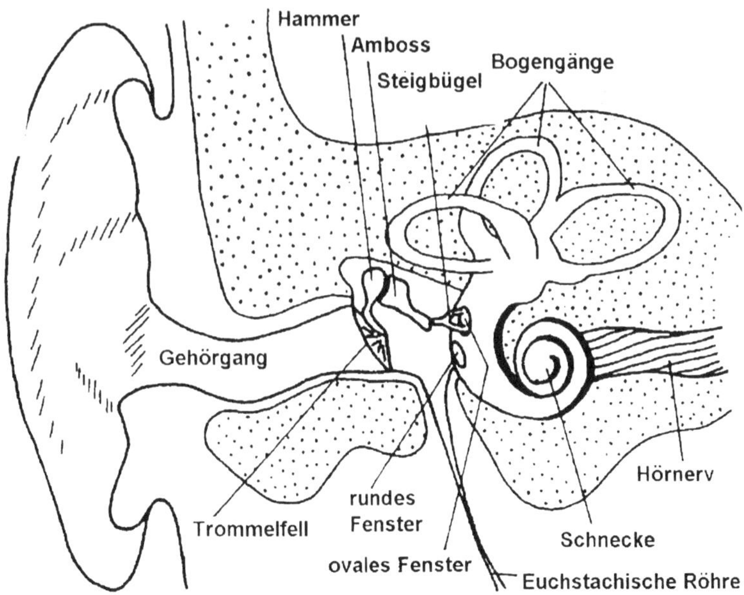

Abb. 1: Schematische Darstellung des menschlichen Ohres
(nach Zwicker 1982, 22)

Ohr, sondern erst nach dem Innenohr, in der Weiterleitung und im Gehirn. Als Beispiele sind das Sprachverständnis, das Hören in lauter Umgebung und das Hörgedächtnis zu nennen. Wenden wir uns aber erst dem Ohr zu, das auch als „peripheres Hörorgan“ bezeichnet wird:

Das Ohr besteht aus drei Teilen:

1. äußeres Ohr
2. Mittelohr
3. Innenohr

1. Das äußere Ohr: Das äußere Ohr besteht aus der Ohrmuschel und dem äußeren Gehörgang, der durch das Trommelfell abgeschlossen wird. Der Schall wird aufgenommen, trifft am Ende des äußeren Gehörgangs auf das Trommelfell und versetzt dieses in Schwingungen.

2. Das Mittelohr: Das Mittelohr ist ein lufthaltiger Raum, die ⇒ Paukenhöhle, mit einer Verbindung zum Nasen-Rachenraum, der ⇒ Eustachischen Röhre, auch „Ohrtrompete“ oder „Tube“ genannt. Jedes Mal, wenn wir schlucken, öffnet sich diese Verbindung kurz und schafft damit einen Luftdruckausgleich. So herrscht im Mittelohr immer der gleiche Luftdruck wie außen und das Trommelfell kann frei schwingen oder auch entspannt liegen, wenn gerade nichts zu hören ist. Im Mittelohr befindet sich die Gehörknöchelchenkette mit den drei Teilen Hammer, Amboss und Steigbügel. Diese winzigen Knöchelchen sind gelenkig verbunden und auf der einen Seite fest mit dem Trommelfell, auf der anderen Seite fest mit dem ovalen Fenster, dem Eingang zum Innenohr, verbunden. Das ovale Fenster ist, wie das Trommelfell, eine Membran. Die mechanische Schwingung wird über die Gehörknöchelchenkette vom Trommelfell zum ovalen Fenster weitergeleitet. Durch die Hebelwirkung und den Größenunterschied der Verbindungsstellen wird die Schwingung, und damit der Schall, im Mittelohr nicht nur weitergeleitet, sondern auch verstärkt. Bis zu diesem Punkt, dem Eingang zum Innenohr, spricht man von „Schallleitung“, im Gegensatz zur „Schallempfindung“, die im Innenohr stattfindet.

3. Das Innenohr: Das Innenohr besteht aus der Schnecke (griech.: cochlea) und dem Gleichgewichtsorgan mit seinen Bogengängen. Die ⇒ Cochlea sieht wie ein winziges Schneckenhaus mit zweieinhalb Windungen aus; in ausgerolltem Zustand hätte sie die Länge von 32 mm. Sie ist mit Flüssigkeit gefüllt und enthält drei Gänge; im mittleren befindet sich das ⇒ Cortische Organ mit den Haarzellen. Gelangt nun die mechanische Schwingung über das Mittelohr an das ovale Fenster, die Membran am Eingang zur Schnecke, entsteht durch dessen Schwingungsbewegungen auch in der Flüssigkeit der Schnecke eine Bewegung in Form einer Welle. Durch diese Wellenbewegung werden die Haarzellen umgebogen; in diesem Moment wird der Schall durch biochemische Prozesse von der mechanischen Schwingung in elektrische Nerventätigkeit umgewandelt. Je nach Tonhöhe hat die Wellenbewegung ihr Maximum an einer bestimmten Stelle und die Haarzellen werden an dieser Stelle maximal stimuliert. So ist das Wellenmaximum für hohe Töne mehr am Schneckenanfang, also unten in der Nähe des ovalen Fensters, für tiefe Töne in der Schneckenspitze. Die Nervenimpulse gelangen anschließend über zahlreiche Verschaltungen zu den entsprechenden Zentren im Gehirn. Das heißt, dass die Hörwahrnehmung und Hörverarbeitung erst nach dem Innenohr erfolgt.

Wie Sie auf der Abbildung auch sehen, ist das Gleichgewichtsorgan mit seinen Bogengängen direkt mit dem System der Cochlea verbunden. Dies ist ein Grund, warum hörgeschädigte Kinder mit Innenohrschäden auch Gleichgewichtsprobleme haben können. Das runde Fenster in der Cochlea ist ebenfalls keine offene Stelle, sondern wie das ovale Fenster eine Membran. So ist das Innenohr ein geschlossenes, mit Flüssigkeit gefülltes System.

Wir hören mit zwei Ohren. Das beidohrige (lat.: binaurale) Hören ist besonders für das Richtungshören und das Hören im Störlärm wichtig.

Nicht nur Geräusche und Musik haben verschiedene Tonhöhen, sondern auch die Sprachlaute, die wir zu Wörtern zusammensetzen. Die Tonhöhe, die ⇒ Frequenz, wird mit ⇒ Hertz (Hz) angegeben, die Lautstärke mit ⇒ Dezibel (dB). Ein junger Mensch hört etwa von

leises Uhrenticken	**10 dB**
leises Blätterrauschen	**30 dB**
normale Unterhaltung	**50 – 60 dB**
Staubsauger	**70 dB**
Lastwagen	**90 dB**
Presslufthammer	**110 dB**

Abb. 2: Was ist wie laut?

20–20000 Hz. Im Vergleich dazu hört der Hund etwa im Bereich von 15–50000 Hz. Damit Sie eine grobe Einschätzung der Lautstärken bekommen, finden Sie einige Beispiele in Abbildung 2.

Nachdem Sie nun einen Einblick in den normalen Hörvorgang bekommen haben, wenden wir uns jetzt den Hörstörungen zu.

3.2 Welche Hörstörungen gibt es und wie kann man sie behandeln?

Im folgenden Abschnitt werden diejenigen Arten von Hörstörungen beschrieben, denen Sie im Kindergarten am häufigsten begegnen werden. Entsprechend dem Weg des Hörens gibt es drei Arten von Hörstörungen:

1. Schallleitungsstörungen
2. Schallempfindungsstörungen
3. Auditive Wahrnehmungs- und Verarbeitungsstörungen

1. Bei den **Schallleitungsstörungen** ist die Schallweiterleitung im äußeren Ohr oder im Mittelohr gestört. Im äußeren Ohr kann ein Ohrschmalzpfropf den Gehörgang verstopfen. Das Kind hört dann leiser. Die Ursache wird normalerweise durch den HNO-Arzt beseitigt. Damit diese Pfropfen nicht entstehen, sollten keine Wattestäbchen benutzt werden, da diese das Ohrschmalz eher festdrücken als entfernen. Bei Kindern mit starker Ohrschmalzbildung und bei Kindern, die Hörgeräte tragen und deren Gehörgänge dadurch weniger von außen belüftet werden, sollte die Ohrschmalzbildung regelmäßig durch den HNO-Arzt kontrolliert werden, damit er rechtzeitig die Ohren säubern kann.

In seltenen Fällen gibt es ⇒ Gehörgangsatresien, angeborene Missbildungen in der Form, dass der äußere Gehörgang verschlossen oder gar nicht angelegt ist. Falls ein Kind auch kleinste Missbildungen am äußeren Ohr hat, z. B. an der Ohrmuschel, sollte immer ein Hörtest gemacht werden, da dies auch auf andere Missbildungen im Ohr hinweisen kann. Haben Kinder einen völligen Verschluss beider Ohren, dann sind sie mittelgradig schwerhörig und benötigen eine spezielle Art der Hörgeräteversorgung: ⇒ Knochenleitungshörgeräte. Mit diesen wird der Schall direkt zum Innenohr geleitet, unter Umgehung des Mittelohres. Mit diesen Geräten können die Kinder bei früher Versorgung, wenn keine zusätzlichen Probleme vorliegen, eine altersgemäße Sprachentwicklung durchlaufen.

Die häufigsten Schallleitungsschwerhörigkeiten entstehen jedoch im

Mittelohr durch Belüftungsprobleme und Entzündungen. Die Folge davon sind ⇒ Paukenergüsse. Die Eltern beschreiben diesen Zustand häufig mit „Wasser hinter dem Trommelfell". Wenn das Kind erkältet ist oder vergrößerte Rachenmandeln („Polypen") hat, öffnet sich die Tube nicht mehr regelmäßig beim Schlucken, weil alles dick geschwollen ist oder die Polypen die Tube zudrücken. So kann der Luftdruckausgleich im Mittelohr nicht mehr stattfinden. Als Folge entsteht ein Unterdruck. Das Trommelfell wird nach innen gezogen und steht unter Spannung, kann also nicht mehr frei schwingen. Hält dieser Zustand länger an, entsteht im Mittelohr Flüssigkeit, die zunächst wässrige Konsistenz hat und im Laufe der Wochen oder sogar Monate immer zäher wird. Dann besteht eine maximale Schallleitungsschwerhörigkeit, bei der das Trommelfell kaum noch schwingen kann. Das Kind hört alles sehr viel leiser, besonders die tiefen Töne. Spricht man es nicht direkt, lauter und aus nächster Nähe an, kann es Sprache nicht verstehen. Helfen Medikamente nicht, muss in einer kurzen Narkose ein Schnitt ins Trommelfell gemacht und die Flüssigkeit abgesaugt werden (⇒ Parazentese). Je nachdem, wie zäh diese ist und wie lange die Paukenergüsse schon bestehen, werden auch ⇒ Paukenröhrchen ins Trommelfell zur zusätzlichen Belüftung eingelegt. Diese Kunststoff- oder Metallröhrchen haben in der Mitte eine Öffnung. Dadurch wird die Belüftung des Mittelohres wiederhergestellt oder verbessert. In der Regel fallen die Paukenröhrchen nach einigen Monaten alleine wieder heraus.

Sind Polypen die Ursache, müssen diese entfernt werden (⇒ Adenotomie). Sind die Paukenergüsse entfernt, hören die Kinder wieder ganz normal. Oft blühen sie nach der Polypenentfernung in ihrer Gesamtentwicklung regelrecht auf, da durch die behinderte Nasenatmung die Sauerstoffversorgung des Blutes nicht optimal war. Meist geht auch die Anzahl der Infekte nach der Operation zurück. Ist eine Operation aus irgendwelchen Gründen nicht möglich, werden auch Schallleitungsschwerhörigkeiten im Einzelfall mit Hörgeräten versorgt. Bei Kindern, die zusätzlich eine Innenohrstörung haben, müssen Mittelohrprobleme besonders konsequent behandelt werden, da sich die Schallleitungsschwerhörigkeit im Mittelohr und die Innenohrschwerhörigkeit addieren und die Kinder somit schnell in den Bereich der ⇒ Resthörigkeit oder Gehörlosigkeit kommen. Bei der Versorgung mit einem CI ergeben Schallleitungsprobleme keinen schlechteren Höreindruck, da die Nerven im Innenohr ja künstlich gereizt werden (s. auch Kapitel 4 „Was muss ich zur Technik wissen?"). Um aber sicher zu gehen, dass Infektionen im Mittelohr sich nicht weiter ausbreiten und etwa zu einer Hirnhautentzündung führen, müssen auch Kinder mit CI bei Mittelohrentzündungen konsequent behandelt werden.

2. Bei **Schallempfindungsschwerhörigkeiten** sind in den meisten Fällen die Haarzellen im Innenohr nicht oder nur eingeschränkt funktionsfähig. Man nennt diese Hörstörungen auch „sensorineurale- oder Innenohr-Hörstörungen". Im Gegensatz zu Schallleitungsstörungen können die einzelnen Frequenzen bei der Schallempfindungsschwerhörigkeit ganz unterschiedlich betroffen sein. Diese Kinder hören nicht nur leiser, sondern teilweise auch ganz anders als wir. Wenn sie z. B. die ganz hohen Töne sehr viel schlechter hören als die tiefen, hören sie das Wort „Eis" leiser und das „s" nur sehr schwach oder gar nicht. In Abbildung 3 sehen Sie den Unterschied zwischen einer Schallleitungs- und Schallempfindungsschwerhörigkeit in Form eines Schriftbeispieles. Mit der einen Art der Hörstörung hört man primär leiser, mit der anderen leiser und bruchstückhaft, da die verschiedenen Frequenzen auch verschieden stark betroffen sein können.

Sie können sicher gut nachvollziehen, dass Kinder, die den Satz wie in dem dritten Beispiel hören, auch die Zischlaute selbst gar nicht oder nur unklar oder stumpf aussprechen. So wird häufig das „s" durch einen Sprachlaut ersetzt, der so ähnlich klingt wie ein „d".

Innenohrstörungen können vererbt und bei der Geburt bereits vollständig ausgebildet sein oder das Gehör kann sich im Laufe der

- Normales Hörvermögen:

Pass auf, das ist heiß!

- Schallleitungsschwerhörigkeit:

Pass auf, das ist heiß!

- Schallempfindungsschwerhörigkeit:

Pass auf, das ist heiß!

Abb. 3: Vereinfachte graphische Darstellung der verschiedenen Arten von Schwerhörigkeit

Zeit fortschreitend verschlechtern. Innenohrhörstörungen können isoliert auftreten oder im Rahmen von Syndromerkrankungen, wie z. B. beim ⇒ Down-Syndrom. „Innenohrschwerhörigkeiten können in der frühkindlichen Phase aber auch erworben werden, so zum Beispiel durch eine Rötelnerkrankung der Mutter während der Schwangerschaft, bei Sauerstoffmangel bei der Geburt oder durch eine Virusinfektion des Kindes, wie etwa Meningitis, Mumps oder Masern" (Kießling, 2002, 29). Menschen mit Innenohrhörstörungen sind häufig besonders lärmempfindlich, haben also ihre Schmerzschwelle schon bei Lautstärken, die wir normal Hörende noch gut ertragen können. Da dies für den Laien zu Recht widersprüchlich erscheint, werden aus diesem Grund Hörstörungen oft zu spät erkannt.

Bei Innenohrstörungen helfen Hörgeräte. Es können aber nur die Töne verstärkt werden, die das Kind ansatzweise hört, und grundsätzlich können Hörgeräte eine Hörstörung niemals vollständig ausgleichen. Ein Kind bekommt mit seinen Hörgeräten oder einem CI eine sehr wichtige und unverzichtbare Grundlage für seinen Lautspracherwerb, jedoch bleibt es auch mit diesen technischen Hilfen immer ein hörgeschädigtes Kind. Ein CI wird heutzutage empfohlen, wenn das Kind keine Hörreste hat, die für den Spracherwerb ausreichen, oder die Hörreste so minimal sind, dass der Spracherwerb für das Kind sehr mühsam und stark mit dem Absehen der Sprechbewegungen vom Gesicht gekoppelt ist. Im Folgenden sehen Sie eine Einteilung nach dem Grad der Hörstörung (nach Green 1999, 11, übersetzt von der Autorin).

Normales Hörvermögen	**0 – 19 dB**
Leichtgradige Schwerhörigkeit	**20 – 40 dB**
Mittelgradige Schwerhörigkeit	**41 – 70 dB**
Hochgradige Schwerhörigkeit	**71 – 95 dB**
Gehörlos	**95 dB +**

3. Auditive Wahrnehmungs- und Verarbeitungsstörungen. Kinder mit auditiven Wahrnehmungs- und Verarbeitungsstörungen haben häufig im Alltag ähnliche Probleme wie schwerhörige Kinder. Der Unterschied liegt darin, dass bei diesen Kindern das Problem nicht im peripheren Hören liegt, sondern in der Schallverarbeitung und -wahrnehmung im Gehirn. Diese Kinder hören z. B. im Störlärm schlechter, verstehen im Dialog besser als in der Gruppe, ihr Hörgedächtnis ist beeinträchtigt, sie können oft schwerer herausfinden, aus welcher Richtung Geräusche oder Sprache kommen, und verwechseln ähnlich klingende Wörter wie „Tasse – Kasse". Diese Kinder sind oft leicht ablenkbar, haben eine schwankende Tagesform und ermüden leicht. Bei genügend Zeit sind Leistungen möglich, die unter Zeitdruck unmöglich erscheinen. In der Benennung dieses Störungsbildes herrscht eine verwirrende Vielfalt. Wenn Sie von zentraler Hörstörung, Hörwahrnehmungsstörung, zentral-auditiver Verarbeitungsstörung oder auditiver Teilleistungsstörung hören, ist immer das Gleiche gemeint. Der hier verwendete Begriff „Auditive Wahrnehmungs- und Verarbeitungsstörung" wurde 2000 zur Vereinheitlichung durch die Deutsche Gesellschaft für Pädaudiologie und Phoniatrie ausgewählt (Nickisch u. a. 2001, 11). Zwar können diese speziellen Hörstörungen in Kombination mit anderen Problemen auftreten, wie z. B. einer eingeschränkten allgemeinen Intelligenz, Aufmerksamkeits- oder Lernstörungen. Im engeren Sinne versteht man jedoch darunter eine isolierte Teilleistungsstörung, das heißt, diese Kinder sind normal intelligent und haben ein intaktes peripheres Hörvermögen, zeigen aber im Bereich der Hör-Sprachverarbeitung Schwierigkeiten. Eine kompetente Diagnostik auf diesem Gebiet ist sehr aufwändig und erfordert vom Kind Ausdauer und konzentrierte Mitarbeit, in der Regel in mehreren Sitzungen. Sie besteht immer aus fachärztlichen und psychologischen Untersuchungen sowie sehr ausführlichen Hörtests. Aus diesem Grund und aufgrund der einzelnen Testinhalte ist diese Diagnostik frühestens ab einem Entwicklungsalter von fünf Jahren möglich, also frühestens bei den älteren Kindergartenkindern. Der Großteil dieser Kinder wird in den ersten Schuljahren auffällig, meist durch Probleme beim Schreiben- und Lesenlernen. Besteht der Verdacht auf eine auditive Verarbeitungs- und Wahrnehmungsstörung, sollte die Untersuchung nur in einer Einrichtung durchgeführt werden, die über ein interdisziplinäres Team verfügt, das Erfahrung auf diesem Gebiet hat. Auskunft geben die pädaudiologischen Abteilungen an HNO-Kliniken oder sozialpädiatrischen Zentren sowie die pädagogisch-audiologischen Beratungsstellen an den Förderzentren für hörgeschädigte Kinder.

Doch auch die kritischen Stimmen zu diesem Störungsbild sollten beachtet werden: „Sowohl die Diagnostik wie auch die Therapie der auditiven Wahrnehmungsstörung erscheinen problematisch, trotzdem erfreut sich diese Diagnose zunehmender Beliebtheit. Sie erweckt den Anschein, als wüssten wir, warum das Kind nicht den Erwartungen im Kindergarten, in der Schule oder im Alltag entspricht. Die Therapien, insbesondere wenn teure Apparate einbezogen sind, geben den Eltern und Kindern das Gefühl, dass etwas gegen die Schwierigkeiten getan wird“ (Amorosa 2002, 6). Amorosa plädiert u. a. dafür, die Diagnostik zu überarbeiten. So führt sie z. B. an , dass bei Tests, in denen Kinder Wörter wiederholen müssen, nicht berücksichtigt wird, ob das Kind die Wörter kennt. Außerdem fordert sie eine genauere Beschreibung der Störung, wie z. B. „Sprachentwicklungsstörung im rezeptiven Bereich“, also im Sprachverständnis, oder „Störung des auditiven Kurzzeitgedächtnisses“, da von diesen Diagnosen leichter gezielte therapeutische Maßnahmen abzuleiten sind als von einer Gesamtdiagnose „Auditive Wahrnehmungsstörung“.

3.3 Welche Auswirkungen haben die einzelnen Hörstörungen?

Die Auswirkungen der verschiedenen peripheren Hörstörungen auf die Sprach- und Gesamtentwicklung des Kindes sind individuell sehr verschieden und hängen nicht nur vom Grad der Hörstörung ab. Ein wesentlicher Faktor ist das Alter des Kindes bei der Diagnose. Je früher die Hörschädigung erkannt wird, desto besser sind die Entwicklungschancen für das Kind. „Früh“ bedeutet hier in den ersten Lebenswochen, wenn die Hörschädigung von Geburt an besteht. Doch auch Kinder, deren Hörstörungen identisch sind und im gleichen Alter erkannt und versorgt wurden, entwickeln sich nicht zwangsläufig gleich. Auch unter den hörgeschädigten Kindern gibt es mehr auditive und mehr visuelle Typen, gibt es sprachbegabte und weniger sprachbegabte, und es gibt Kinder mit zusätzlichen Entwicklungsproblemen, die sich auch auf die Sprache auswirken können, wie z. B. Probleme in der Feinmotorik. Nicht unerheblich sind natürlich die familiären Umstände: Wird in der Familie eine andere Sprache gesprochen als außerhalb, wird das Kind zu Hause zweisprachig erzogen, sind Geschwister da, in welchem Umfang können sich die Eltern um das Kind kümmern? So kann etwa ein mittelgradig schwerhöriges Kind, das spät erkannt wurde und zusätzliche Entwicklungsprobleme hat, eine schlechtere Sprachentwicklung haben als ein gehörloses Kind, das frühzeitig mit einem CI versorgt wurde. Auch Kinder mit CI entwickeln sich, je nach den eigenen Voraussetzungen und ihrem sozialen Umfeld, verschieden. Bei mehrfachbehinderten Kindern können bereits geringe Hörstörungen größere Auswirkungen haben und müssen besonders konsequent behandelt und versorgt werden. So versteht zwar ein Kind mit Down-Syndrom und einer leichten bis mittelgradigen

Schwerhörigkeit Sprache auch ohne Hörgeräte, wenn man gezielt etwas lauter spricht und das Kind konzentriert zuhört. Da aber gerade das konzentrierte Zuhören diesen Kindern meist sehr schwer fällt, sind sie auf ein möglichst optimales Hören und damit auf das Tragen der Hörgeräte noch mehr angewiesen als andere Kinder ohne zusätzliche Entwicklungsprobleme. Diese können leichtere Hörstörungen, zumindest eine Zeit lang, durch mehr Konzentration ausgleichen.

Langfristige Mittelohrprobleme darf man jedoch nie unterschätzen. Kinder können allein dadurch erheblich in ihrer gesamten Sprachentwicklung verzögert sein. Es gibt die Ansicht, dass hartnäckige Schallleitungsschwerhörigkeiten im Säuglings- und Kleinkindalter Ursache für spätere auditive Wahrnehmungs- und Verarbeitungsstörungen sein können. Wenn Eltern von normal hörenden Kindern, die gerade Paukenergüsse haben, Ihnen berichten: „Mein Kind hört zur Zeit wieder nichts", heißt das nicht, dass das Kind gerade wirklich gehörlos ist. Eine Schallleitungsschwerhörigkeit kann maximal bei 60 dB liegen, also im Bereich der mittelgradigen Schwerhörigkeit. Da diese Kinder im Alltag jedoch oft auf normal laute Ansprache gar nicht reagieren, entsteht für die Eltern der Eindruck, das Kind höre nichts. Bei lauterer und naher Ansprache können diese Kinder aber Sprache noch verstehen.

Wenn wir uns die verschiedenen Grade von Innenohrstörungen be trachten, werden mittelgradige Störungen oft erst spät erkannt, weil diese Kinder auch ohne Hörhilfen und Unterstützung durch Pädagogen oder Sprachtherapeuten zur Sprache kommen. Im Vorschulalter fallen dann aber der eingeschränkte Wortschatz, Grammatik- und Ausspracheprobleme auf. Daher benötigen diese Kinder außer der medizinischen Behandlung und der Hörgeräteversorgung genauso sprachtherapeutische Hilfe. Besteht eine hochgradige Schwerhörigkeit, Resthörigkeit oder Gehörlosigkeit, kommen die Kinder ohne medizinische, technische und therapeutisch-pädagogische Hilfe gar nicht zur Sprache. Dass solch eine unerkannte und massive Hörstörung sich ebenfalls auf die Gesamtentwicklung des Kindes auswirkt, ist naheliegend. Dem Kind fehlt nicht nur die Basis für die Entwicklung von Sprachverständnis und Sprechen, auch Geräusche, durch die wir uns im Alltag stark orientieren, können keinen Halt geben. So geschehen z. B. immer wieder unerwartet Dinge, die sich nicht angekündigt haben: Der Vater ist plötzlich weg, aus dem Zimmer verschwunden. Das Kleinkind hatte das Telefonläuten nicht gehört, und durch sein konzentriertes Spiel hat es nicht gesehen, dass der Vater das Zimmer verlassen hat. Es bekommt Angst, da es plötzlich alleine ist. Wie man Eltern und Kindern heutzutage – auch in der Bewältigung des Alltags – helfen kann, nachdem die Diagnose gestellt wurde und die medizinische und technische Versorgung erfolgte, erfahren Sie in Kapitel 5 „Wie sieht die hörgerichtete Förderung der Kinder in der Familie aus?“.

Nun noch kurz zu Kindern, die nur auf einem Ohr schlecht oder gar nicht hören. Einseitige Hörstörungen führen zu einem schlechteren Hören im Störlärm und zur schlechteren Richtungslokalisation. Diese Kinder können also z.B. schwer die Richtung finden, aus der eine Person mit ihnen spricht oder ein Auto sich nähert, oder Sprache in der Gruppe verstehen, wenn es laut ist. Die Sprachentwicklung verläuft bei Kindern, die nur einseitig schwerhörig oder gehörlos sind, in der Regel jedoch unauffällig. Für diese Kinder ist eine spezielle Hörgeräteversorgung möglich, bei welcher der Schall, der auf das gehörlose Ohr trifft, über ein Kabel auf das gut hörende Ohr übergeleitet wird. Dies ist einen Versuch wert, wird aber nicht von allen Kindern angenommen, da sie meist auch ohne Hörgerät ganz gut zurecht kommen.

3.4 Wie kann eine Hörstörung festgestellt werden?

Das Wichtigste gleich zu Beginn: Kein Kind ist zu jung für einen Hörtest. Die Vorstellung, ein Kind müsse für einen Hörtest alt genug sein, um einen Kopfhörer aufzusetzen und dann Angaben zu machen, wann und auf welchem Ohr es etwas hört, ist falsch. Heutzutage gibt es Hörprüfverfahren, durch die bereits im Neugeborenenalter festgestellt werden kann, ob ein Kind normal hört oder nicht. Eine kompetente Hördiagnostik umfasst immer mehrere Teile, die nur zusammen eine Aussage über das Hörvermögen des Kindes zulassen. Dazu gehören:

- Erfassung der Vorgeschichte (⇒ Anamnese) mit den Beobachtungen der Eltern zum Hör- und Sprachverhalten des Kindes im Alltag
- Prüfung der Sprach- und Gesamtentwicklung des Kindes
- HNO-Untersuchung mit Überprüfung der Druckverhältnisse im Mittelohr durch eine ⇒ Tympanometrie, sowie Prüfung der ⇒ Stapediusreflexe
- dem Alter des Kindes angemessene subjektive Hörtests
- objektive Hörtests

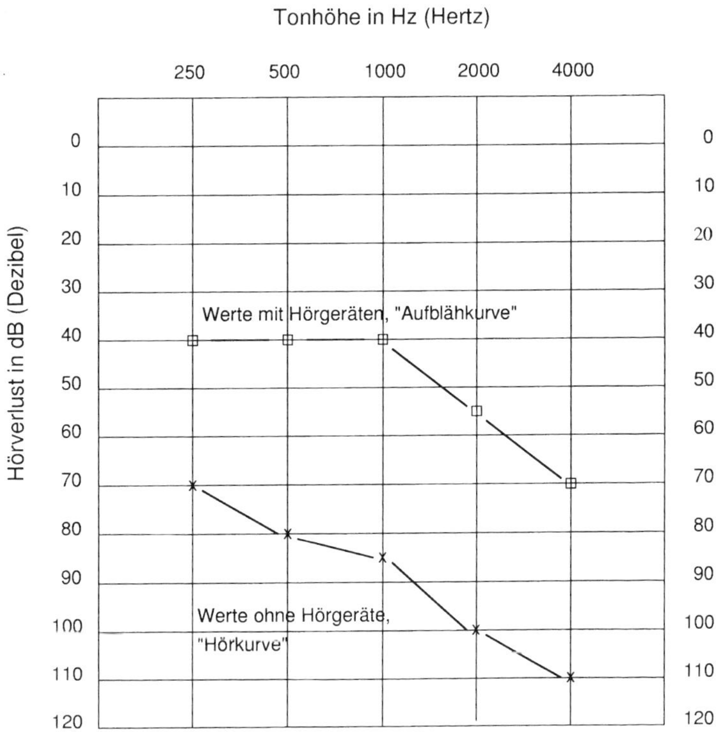

Abb. 4: Das Audiogramm (ein Beispiel)

Der Oberbegriff für alle Hörprüfungen heißt ⇒ Audiometrie. Die Hörprüfungen unterteilen sich in subjektive und objektive Prüfverfahren.

Bei **subjektiven Hörtests** beurteilt ein Prüfer, in der Regel eine Audiometristin, ob ein Kind auf ein Schallsignal hin eine Reaktion zeigt oder nicht, und trägt die Ergebnisse in ein Audiogrammformular ein (s. Abb.4).

In dem Beispiel von Abbildung 4 hat das Kind bei einer Tonhöhe von 1000 Hz und einer Lautstärke von 85 dB ohne Hörgeräte reagiert, in der anschließenden Prüfung mit Hörgeräten bei sehr viel geringerer Lautstärke, nämlich bei 40 dB. Zum Vergleich: Die Hörkurve eines normal hörenden Schulkindes oder Erwachsenen über Kopfhörer liegt meist bei 0–15 dB. Daran sehen Sie, dass 0 dB nicht „keine Lautstärke“ bedeutet, sondern ein Ton mit 0 dB ein extrem leiser Ton ist, der von einem normal Hörenden gerade eben gehört werden kann. Je nach Alter des Kindes sieht die Testsituation verschieden aus. Ist das Kind noch unter 30 Monate alt, sitzt es dabei meist auf dem Schoß der Mutter, und es werden Verhaltensveränderungen des Kindes auf den Hörreiz hin beobachtet. Dies kann z. B. ein Augenweiten, ein Innehalten in der Bewegung oder ein Innehalten im Lautieren sein. Dabei wird das Testsignal von vorne gegeben. Ab einem Alter von sechs Monaten gibt man die Signale zusätzlich auch aus seitlichen Lautsprechern und beobachtet, ob sich das Kind reflexartig der Schallquelle zuwendet. Damit es dies auch mehrmals macht, da verschiedene Tonhöhen und Lautstärken angeboten werden müssen, koppelt man die Reaktion des Kindes mit einer Belohnung. So leuchtet z. B. ein Licht auf dem jeweiligen Lautsprecher auf, nachdem das Kind korrekt reagiert hat. Man prüft auch, ob bestimmte Reflexe auf sehr laute Töne vorhanden sind, wie z. B. der Lidreflex, bei dem das Kind reflexartig kurz die Augen schließt, wenn ein lauter Ton angeboten wird. Ab dem Alter von etwa 30 Monaten gibt das Kind die Antworten auf den Hörreiz selbst, im Rahmen einer ⇒ Spielaudiometrie. Dabei kommen die Testsignale wieder von vorne aus einem Lautsprecher. Das Kind hat ein einfaches Steckspielzeug vor sich und immer, wenn es etwas gehört hat, steckt es ein Klötzchen oder einen Ring auf. Diese Handlung wird mit dem Kind vorher natürlich eingeübt. Ist das Kind schon etwas älter und akzeptiert Kopfhörer, wird die Spielaudiometrie über Kopfhörer durchgeführt; man kann dann beide Ohren getrennt prüfen und bekommt dadurch für jedes Ohr ein Ergebnis. Ist diese „Verpackung" der Antworten des Kindes in eine Spielhandlung nicht mehr nötig, drückt es, wie ein Erwachsener im Hörtest, auf eine Taste. Haben die Kinder bereits ein wenig Sprachverständnis, können über Lautsprecher auch Wörter angeboten werden, und das Kind zeigt dann auf ein entsprechendes Bild oder wiederholt das Wort. Diese ⇒ Sprachaudiometrie wird später auch über Kopfhörer durchgeführt. Bei größeren Kindern sind auch Tests mit Störlärm möglich, bei denen zu den Wörtern Hintergrundgeräusche eingespielt werden, was dem Hören im Alltag relativ nahe kommt. Auch ⇒ Sprachabstandstests werden durchgeführt. Dabei spricht der Prüfer aus mehreren Metern Entfernung ein Wort und das Kind zeigt entweder auf ein entsprechendes Bild oder wiederholt das Wort. Alle diese Tests sind zur Bestimmung des Hörvermögens und zur korrekten Einstellung der Hörgeräte und des CI notwendig.

Bei **objektiven Hörtests** registriert ein Gerät die Hörreaktionen. Dazu zählen in erster Linie die Messung der otoakustischen Emissionen, die

⇒ OAE-Messung, und die Ableitung der akustischen Potentiale im Schlaf, die ⇒ BERA. Die Auswertung dieser Ergebnisse muss aber teilweise auch wieder durch erfahrene Fachleute geschehen, so dass sie nicht völlig objektiv sind.

Die OAE-Messung dauert nur wenige Minuten und das Kind kann dabei wach sein: Es darf nur selbst keine Geräusche machen. Sie ist ab den ersten Lebenstagen durchführbar. Dem Kind wird über eine Sonde im äußeren Gehörgang ein leiser Ton gegeben und ein sehr feines Mikrofon prüft, ob daraufhin die normalen Reaktionen im Innenohr auftreten. Der Effekt, der gemessen wird, ist ähnlich dem eines Echos. Die Messung macht man auf beiden Ohren und hat damit für beide Seiten getrennt eine Aussage, ob das Hörvermögen auffällig ist und genauer überprüft werden muss oder nicht.

Eine BERA wird in der Regel erst bei dem Verdacht auf eine Hörstörung durchgeführt. Dafür muss das Kind für etwa ein bis zwei Stunden ruhig gestellt werden. Dies geschieht in Form einer ⇒ Sedierung durch ein Medikament oder durch eine Narkose. Ähnlich wie bei einem EEG werden dann die Hirnstromkurven abgeleitet, während gleichzeitig über Kopfhörer ein akustischer Reiz gegeben wird, dessen Lautstärke langsam gesteigert wird, bis Reaktionen in den Kurven zu sehen sind. So kann man feststellen, ob die Töne vom Innenohr aufgenommen und weitergeleitet wurden, und somit auf die Funktion des Ohres rückschließen. Im Gegensatz zu der OAE-Messung kann man mit der BERA relativ genau bestimmen, ab welcher Lautstärke ein Kind hören kann. Gemessen wird normalerweise nicht mit einzelnen Tonhöhen wie bei der subjektiven Hörprüfung, sondern mit zwei akustischen Signalen: einem für die höheren und einem anderen für die tieferen Töne. Sowohl die BERA als auch einige der subjektiven Hörtests kann man ebenfalls über die ⇒ Knochenleitung messen. Im Gegensatz zur ⇒ Luftleitungsmessung gehen die Schallreize dabei nicht den normalen Weg durch das Ohr, sondern werden über einen kleinen Vibrationsknopf hinter der Ohrmuschel direkt auf den Schädelknochen übertragen und damit direkt in das Innenohr geleitet. Durch die Vibration am Schädelknochen kommen die Wellenbewegungen in der Schnecke direkt zu Stande, unter Umgehung des Mittelohres. Dadurch kann man u. a. feststellen, wo die Hörstörung liegt. Man vergleicht dabei einfach die Kurven, die über das Mittelohr gemessen wurden, und die Knochenleitungsmessung. Sind beide Messung gleich, liegt der Schaden im Innenohr. Ist die Luftleitung schlecht, die Knochenleitung aber normal, muss der Schaden im Mittelohr liegen. Es können auch kombinierte Schwerhörigkeiten auftreten.

Außerdem kann ohne Angaben des Kindes ein Schutzmechanismus

im Mittelohr gemessen werden, die Stapediusreflexe. Trifft ein lautes Geräusch auf das Ohr, führt die Aktivierung des Stapediusmuskels im Mittelohr dazu, dass die Gehörknöchelchenkette im Mittelohr sich versteift und der Schall nur noch sehr abgeschwächt weiterleitet wird. Dies ist ein Schutzmechanismus für das Innenohr. Funktioniert dieser Reflex, kann man in der Regel davon ausgehen, dass das laute Geräusch kurz vom Innenohr registriert wurde und so der Reflex ausgelöst werden konnte. Dies ist keine Hörprüfung für sich allein, da die Messung nur eine sehr begrenzte Aussage liefert, sie gehört aber zur gesamten Hörprüfung dazu.

Auf die Frage, ob bei ihrem Kind schon einmal ein Hörtest durchgeführt wurde, berichten Eltern häufig von der Messung der Trommelfellbeweglichkeit beim Kinderarzt. Diese Tympanometrie ist jedoch kein Hörtest. Dem Kind wird durch eine Sonde am Ohr der Luftdruck im Gehörgang etwas erhöht und anschließend vermindert. Das Kind empfindet dies so ähnlich wie eine Luftdruckveränderung bei Höhenunterschieden. Man prüft damit, ob das Trommelfell frei schwingt, ob es sich also auf diese Luftdruckschwankungen hin entsprechend nach innen und außen bewegt. Damit kann man feststellen, ob das Mittelohr gut belüftet ist. Die Tympanometrie prüft also eine Teilfunktion des Hörens, erlaubt aber keine Aussage über das Hörvermögen des Kindes insgesamt.

Wenn Eltern Ihnen ein Audiogrammformular zeigen, so können sie daran z. B. den Grad der Hörschädigung erkennen oder auch wie viel besser das Kind mit Hörgeräten hört (s. Abb. 4). Wichtig ist auch zu sehen, ob die Kurve relativ gerade ist, oder ob sie z. B. zu den hohen Tönen hin steil abfällt. In einem solchen Fall hört das Kind die hohen Töne sehr viel schlechter als die tiefen, also nicht einfach alles leiser, sondern die verschiedenen Tonhöhen auch verschieden laut; es hört sowohl leiser als auch anders.

Sind Sie sich vielleicht bei dem einen oder anderen Kind in der Gruppe nicht ganz sicher, ob es ganz normal hört? Hier finden sie abschließend einige Beobachtungskriterien, die Ihnen helfen zu beurteilen, ob Sie den Eltern einen Hörtest mit dem Kind empfehlen sollten.

Mögliche Anzeichen einer unerkannten Schwerhörigkeit:

– Der Wortschatz im Verstehen und Sprechen (passiver und aktiver Wortschatz) ist nicht altersgemäß.

- Die Aussprache (⇒ Artikulation) ist nicht altersgemäß.
- Das Kind spricht sehr laut und liebt geräuschvolle Spiele.
- Das Kind hat Satzbau- und Grammatikprobleme.
- Das Kind reagiert nur auf direkte Ansprache, nicht auf nebenbei Gesagtes.
- Das Kind fragt oft nach.
- Das Kind hat Sprachverständnisprobleme, es gibt häufig falsche Antworten.
- Das Kind versteht in der großen Gruppe schlechter als im Dialog.
- Das Kind ist unkonzentriert beim Erzählen und Vorlesen, besonders in der großen Gruppe.
- Das Kind spielt in Gruppensituationen häufig den „Kasperl".
- Bei Aufträgen an die Gruppe orientiert sich das Kind daran, was die anderen Kinder machen.
- Das Kind übernimmt im Freispiel gerne die Anführerrolle oder bevorzugt sprachlose Rollen, z. B. Pferd oder Tiger (s. Kapitel 8 „Wie verstehen wir uns am besten?").
- Verse und Lieder werden kaum mitgesprochen oder mitgesungen.
- Das Kind beobachtet sehr viel und intensiv und erscheint leicht ablenkbar.
- Das Kind muss länger nach dem jeweiligen Sprecher oder der Ursache von Geräuschen suchen.
- Das Kind reagiert mit Unbehagen auf Lautes und beschwert sich, wenn etwas zu leise ist.
- Das Kind hört auch nach Infekten noch längere Zeit schlechter.
- Das Kind ermüdet früher als andere Kinder.
- Das Kind hat Gleichgewichtsprobleme.

Welche Folgen eine nicht erkannte Hörschädigung für das Kind u. a. haben kann, sehen Sie an folgenden Auszügen aus dem Zeugnis der 1. Klasse von Simon:

Arbeitsaufträge versteht er nie auf Anhieb, nicht zuletzt dadurch, daß er ständig abgelenkt ist. Im Unterricht zeigt er keine Mitarbeit. ... Der Schüler liest noch sehr unsicher und ohne Sinnentnahme. ... Bei Nachschriften und Diktaten hielt er dem Arbeitstempo nicht stand. ... Der Schüler ist, wie auch in den übrigen Lernbereichen, an Einzelbetreuung und Anschauungsmaterial gebunden. ...

Am Ende der ersten Klasse wurde eine mittel- bis hochgradige Schwerhörigkeit festgestellt und Simon erhielt Hörgeräte.

Falls Sie in Zukunft auch nur den geringsten Verdacht auf eine Schwerhörigkeit bei einem Kind haben, dann sprechen Sie mit den Eltern darüber. Wird ein Hörtest von erfahrenen Fachleuten durchgeführt, ist das für das Kind keine belastende Untersuchung, sondern eine spielerische Situation, die schnell Klarheit verschafft.

4 Was muss ich zur Technik wissen?

Die frühe Anpassung der richtigen technischen Hörhilfen ist für hörgeschädigte Kinder die Voraussetzung, um hören zu lernen und damit auch Lautsprache zu entwickeln. Die Technik hat also einen sehr großen Stellenwert. Das Wichtigste für den Umgang mit den Hörhilfen in der Gruppe ist, dass Sie sich die notwendigen Handhabungen nicht nur durch die Eltern zeigen lassen, sondern die einzelnen Handgriffe mehrfach selbst ausprobieren. So werden Sie schnell mit den Hörhilfen vertraut und verlieren eventuelle Berührungsängste.

Im Folgenden lernen Sie nun die Funktion und Handhabung der einzelnen Geräte kennen.

4.1 Das Hörgerät

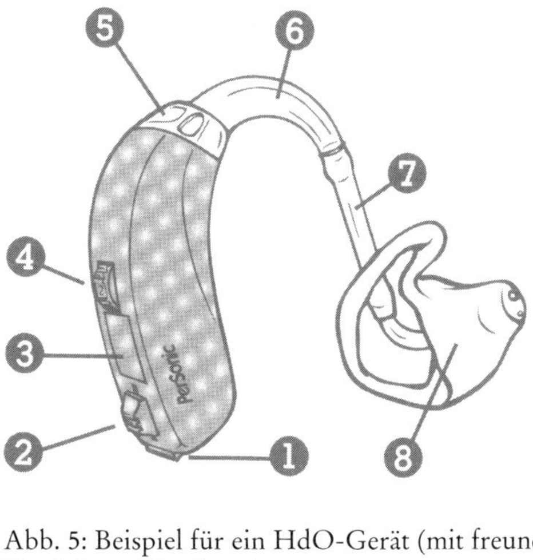

1. Batteriefach
2. Funktionsschalter
3. Deckplatte für Anpassregler
4. Lautstärkeregler
5. Mikrofonöffnung
6. Winkelstück
7. Schallschlauch
8. Ohrpassstück

Abb. 5: Beispiel für ein HdO-Gerät (mit freundlicher Genehmigung der Fa. Oticon, Hamburg)

Abbildung 5 zeigt ein HdO-Gerät (Hinter-dem-Ohr-Gerät). Diese Bauart ist die häufigste, die in der Kinderversorgung verwendet wird. Im Folgenden wird das HdO-Gerät genauer erklärt:

1. Batteriefach: Die Eltern prüfen zu Hause, ob die Batterien für die Hörgeräte noch in Ordnung sind. Da auch während der Kindergartenzeit ein Batteriewechsel nötig werden kann, sollten Sie sich zeigen lassen, wie man eine neue Batterie in das Hörgerät einsetzt. Ersatzbatterien sollten immer auch im Kindergarten vorhanden sein. Die Eltern werden Ihnen sicher gerne ein Päckchen geben. Beim Einsetzen der Knopfzellenbatterie muss man das Batteriefach nach unten klappen, die alte Batterie entnehmen und darauf achten, dass die neue richtig herum eingelegt wird. Manche Kleinkinder haben eine Batteriefachsicherung an dem Gerät, damit sie selbst nicht an die Batterien gelangen. Befindet sich auf den Batterien ein Papieraufkleber, muss dieser vor dem Einsetzen abgenommen werden, da so erst die Funktion der Batterie durch die Luft innerhalb von einer Minute aktiviert wird. Versuchen Sie nie, das Batteriefach gegen einen Widerstand zu schließen – das deutet darauf hin, dass die Batterie nicht völlig korrekt eingelegt wurde. Vielleicht müssen Sie sich um den Batteriewechsel auch gar nicht kümmern, da das Kind dies schon selbst erledigt. Sehr junge Kinder sagen nicht immer zuverlässig, wenn die Batterien leer sind. Wenn Ihnen im Verhalten etwas seltsam vorkommt, da das Kind nicht mehr wie gewohnt auf Sprache oder Geräusche reagiert, wechseln Sie doch mal die Batterien. Vielleicht stellen die Eltern ihnen auch einen Batterieprüfer zur Verfügung. Wenn Sie ein Hörgerät eingeschaltet in der Hand halten und die Hand leicht um das Gerät schließen, hören sie ein Rückkopplungspfeifen. Dieses Pfeifen zeigt Ihnen, dass die Stromversorgung in Ordnung ist, also noch kein Batteriewechsel nötig ist. Dies ist jedoch keine Funktionskontrolle, sondern nur eine Stromkontrolle! Funktionskontrollen führen die Eltern zu Hause durch und in regelmäßigen Abständen der Hörgeräteakustiker. Die Eltern haben zu Hause ein Abhörgerät, ein so genanntes Stethoclip, mit dem sie die Geräte überprüfen. Sie können damit hören, ob der Klang so ist wie immer, ob die Schalter funktionieren u.s.w.

2. Funtionsschalter: An dem Funktionsschalter gibt es meist die Positionen M, T und O. O (von engl. „off") bedeutet einfach, das Gerät ist ausgeschaltet. Bei manchen Geräten ist der Ein-Ausschalter mit dem Batteriefach gekoppelt und das Gerät wird durch leichtes Öffnen des Faches ausgeschaltet. T steht für Telefon. Diese Stellung braucht man nur zum Telefonieren. Wenn der Schalter auf T steht, hört das

Kind nichts über sein Mikrofon. Diese Funktion nutzen Kinder erst, wenn sie älter sind, und manche verstehen auch am Telefon mit ihrer normalen Einstellung besser. Der Schalter darf also im Kindergarten nie auf T stehen. M steht für Mikrofon und ist die normale Betriebseinstellung.

3. Deckplatte für Anpassregler: In dem Hörgerät können verschiedenste Einstellungen vorgenommen werden. Diese Deckplatte öffnet nur der Hörgeräteakustiker, wenn er das Gerät überprüft oder Einstellungen verändern muss.

4. Lautstärkeregler: Es gibt analog und digital arbeitende Hörgeräte. Bei digital einstellbaren Hörgeräten wird die Lautstärke vom Hörgeräteakustiker über den Computer fest einprogrammiert. An diesen Geräten ist kein verstellbares Lautstärkerädchen vorhanden. Bei analog arbeitenden Geräten kann dieser Regler durch Drehen verstellt werden. Bei Kindern sollten immer Abdeckkappen auf den Lautstärkerädchen sein, damit diese nicht einmal aus Versehen verstellt werden, wie z. B. beim Ausziehen der Mütze. Notieren Sie sich auf jeden Fall in Ihren Unterlagen, welche Lautstärkeeinstellung für das Kind richtig ist.

5. Mikrofonöffnung: Durch die Mikrofonöffnung wird der Schall aufgenommen, in dem Hörgerät verstärkt und bearbeitet und durch den Lautsprecher, der am Hörgerät „Hörer" genannt wird, abgegeben. Er gelangt dann durch den harten Winkel (**6**) und den weichen Schallschlauch (**7**) zum Ohrpassstück.

8. Ohrpassstück: Das Ohrpassstück (⇒ Otoplastik) stellt das Verbindungsstück zwischen dem Hörgerät und dem Ohr dar. Da jede Ohrmuschel anders geformt ist, müssen Ohrpassstücke immer individuell angefertigt werden. Der Hörgeräteakustiker nimmt dafür einen Abdruck von der Ohrmuschel und dem Beginn des äußeren Gehörganges und fertigt davon ein optimal abschließendes Ohrpassstück. Diese Passform ist sehr wichtig. Wenn der verstärkte Schall wieder nach außen an das Mikrofon gelangt, weil das Passstück nicht gut abschließt, kommt es zu einem Rückkopplungspfeifen. Sie kennen diesen Effekt auch aus Konzerten, wenn Sänger mit dem Mikrofon zu nahe an einen Lautsprecher kommen. Drehen Sie nie das Lautstärkerädchen auf eine leisere Einstellung, wenn das Gerät pfeift. Das Kind profitiert dann nicht mehr vom Hörgerät! Wenn die Ohren des Kindes wachsen, müssen immer wieder neue Passstücke gefertigt werden. Durch das Ohrpassstück führt der Schallschlauch und leitet den Schall direkt zum Trommelfell. Ohrpassstücke können, wie auch die Hörgeräte selbst, beliebig eingefärbt werden. Wenn man den weichen Schallschlauch von dem harten Winkel abzieht, löst sich der Schlauch mit dem Ohrpassstück. Das machen die Eltern zu Hause, wenn sie das Ohrpassstück reinigen. In dem Schallschlauch darf kein Wassertropfen sein, z. B. Kondenswasser vom Schwitzen, und auch kein Ohrschmalz, sonst hört das Kind nichts. Wie man die Ohrpassstücke richtig einsetzt, sollten Sie unbedingt mit den Eltern am Kind selbst üben. Oft pfeifen die Geräte auch nur, weil die Ohrpassstücke nicht richtig in der Ohrmuschel sitzen. Schalten Sie die Hörgeräte immer erst an, wenn Sie korrekt im Ohr sitzen und schalten Sie die Geräte aus, bevor sie diese rausnehmen. Das Kind hört sonst das unangenehme Rückkopplungspfeifen. Spätestens wenn die Kinder zur Schule kommen, sollten sie das Anlegen und Abnehmen der Geräte und den Batteriewechsel selbstständig durchführen können.

Hörgeräte werden zum Schlafen und im Wasser abgenommen. Manche Kinder sind jedoch so an das Hören mit den Geräten gewöhnt, dass sie diese zum Einschlafen anbehalten möchten. Machen Sie die anderen Kinder der Gruppe darauf aufmerksam, dass das hörgeschädigte Kind beim Schwimmen nichts hören kann und unbedingt Blickkontakt benötigt, wenn jemand ihm etwas mitteilen möchte. Da Hörgeräte möglichst nicht nass werden sollten, ist es besser, wenn das Kind bei Regen eine Kapuze überzieht.

Hörgeräte verstärken alles, nicht nur das, was man gerade hören möchte. Daher ist das Hören im Störlärm, in halligen Räumen und in größeren Gruppen, wenn mehrere Menschen durcheinander sprechen, schwierig. Auch bei Ansprache aus weiterer Entfernung kann das Hören problematisch werden.

Wenn ein Hörgerät verloren geht, wird es in der Regel durch die Krankenkasse ersetzt. Man sollte natürlich vermeiden, dass dies passiert. Damit es gar nicht dazu kommt, dass Sie panisch im Sandkasten oder in der Bausteinkiste nach dem Hörgerät suchen, gibt es Bändchensicherungen. Die Hörgeräte baumeln dann am Pullover oder T-Shirt, wenn das Kind sie aus irgendeinem Grund aus dem Ohr gezogen hat. Das bunte Bändchen (z. B. ein Brillenband) ist mit seinen Enden an den harten Winkeln der Hörgeräte und in der Mitte mit einem kindersicheren Verschluss hinten an der Kleidung des Kindes befestigt.

Sind die Hörgeräte farbig, findet man sie leichter wieder, wenn sie doch mal in der Wiese oder anderswo gelandet sind. Außerdem können Außenstehende schnell erkennen, dass das Kind schwerhörig ist. Dadurch wird ihm nicht Unrecht getan, wenn es z. B. auf eine Frage nicht oder falsch antwortet; es gilt dann nicht gleich als „bockig“ oder „unerzogen“. Darüber hinaus signalisieren bunte Hörgeräte, die man gleich sieht, dass das Kind besser versteht, wenn man deutlich mit ihm spricht. Kinder sind meist stolz auf ihre bunten Geräte, wie auf eine hübsche Brille. Für Eltern dagegen ist der Schritt zu auffälligen Geräten kurz nach der Diagnose häufig noch schwierig.

Bleiben Sie mit Ihrer Gruppe einmal mehrere Tage weg, z. B. auf einem Bauernhof, sind folgende Punkte zu beachten: Das Kind muss Ersatzbatterien mitnehmen. Fragen Sie die Eltern, ob sie die Hörgeräte zu Hause jeden Abend in einen Trockenbeutel legen. In diesem Beutel befinden sich kleine Trockenelemente, die dem Gerät Feuchtigkeit entziehen, z. B. wenn das Kind stark schwitzt. Außerdem sollte der kleine Blasebalg zum Durchpusten der Ohrpasstücke dabei sein. Wenn das Ohrpassstück durch Ohrschmalz verstopft ist, ziehen Sie einfach den weichen Schlauch von dem harten Winkel ab und pusten das ganze durch. Ziehen Sie immer nur eines der beiden Ohrpassstücke mit dem Schlauch ab. So können Sie beim Aufstecken rechts und links nicht verwechseln.

Kinder, die keine normalen Hörgeräte tragen können, da die Ohrmuscheln missgebildet sind, die Gehörgänge verschlossen sind (Gehörgangsatresien) oder aus deren Ohren ständig Sekret fließt, weil die Mittelohren dauerhaft entzündet sind, benötigen Knochenleitungshörgeräte. Wie bei der Knochenleitungsmessung in der Audiometrie wird hier der Schall durch einen Vibrationsknopf, der hinter der Ohrmuschel auf dem Schädelknochen aufliegt, direkt in das Innenohr geleitet. Bei Kleinkindern werden die Mikrofone, die Verstärker und die Vibrationsknöpfe in ein Stirnband eingebaut. Bei älteren Kindern sieht die Konstruktion ähnlich aus wie ein Haarreif.

4.2 Das Cochlea Implantat

Es wird entweder die deutsche Bezeichnung „Cochlea Implantat“ verwendet oder die englische „Cochlear Implant“. Die Abkürzung lautet immer „CI“. Ein CI wird gegeben, wenn das Kind über Hörgeräte nicht ausreichend hört, um Sprache entwickeln zu können. Es gibt Kinder, die auf dem anderen Ohr ein Hörgerät tragen und damit noch tiefe Töne und z. B. den Sprechrhythmus hören können. Andere tragen ausschließlich ein CI. In letzter Zeit nimmt die beidohrige Implantation zu; es können Ihnen daher auch Kinder begegnen, die zwei

CIs tragen. Wie auch bei der beiseitigen Hörgeräteversorgung verspricht man sich davon, dass die Kinder im Störlärm besser hören und ein Richtungshören entwickeln. Für viele Eltern ist auch das Argument wichtig, dass das Kind mit dem zweiten CI noch hören kann, wenn eines mal ausfallen sollte. Ein CI ist eine Hörhilfe, arbeitet jedoch völlig anders als ein Hörgerät. Es verstärkt den Schall nicht, sondern der Hörnerv im Innenohr wird künstlich gereizt. Deshalb können auch völlig gehörlose Menschen mit einem CI zum Hören kommen. Wie bei Hörgeräten muss das Hören mit dem CI gelernt werden, diese Kinder bekommen eine jahrelange Förderung mit intensiver Elternberatung. Neben der wöchentlichen Betreuung der Familie vor Ort besuchen CI-Kinder regelmäßig ein Cochlear-Implant-Centrum (Abk.: CIC). Diese Einrichtungen arbeiten eng mit den jeweiligen Kliniken zusammen, die CIs operieren. Dort werden der Sprachprozessor immer wieder genauer eingestellt und die Funktion des CIs kontrolliert. Außerdem beobachtet man die Entwicklung der Kinder, und sie bekommen Förderstunden. Diese Reha-Tage finden entweder

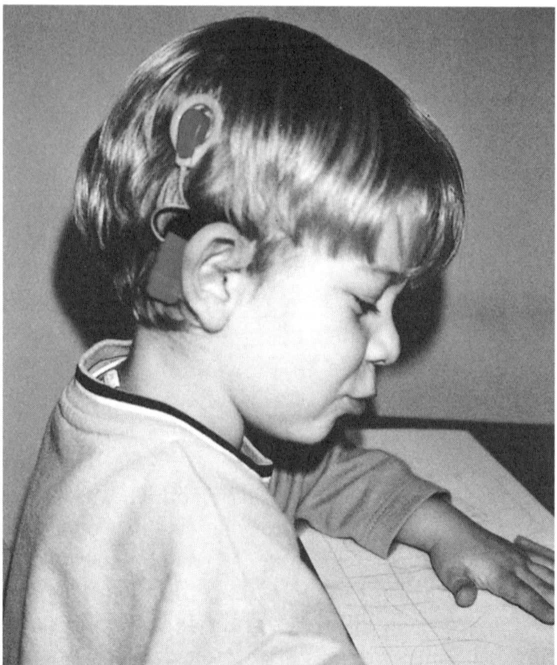

Abb. 6: Beispiel für ein Cochlea Implantat mit HdO-Prozessor

ambulant oder stationär statt. Kinder mit CI fehlen aufgrund der Reha-Tage im Kindergarten immer wieder einmal.

In Abbildung 6 sehen Sie Paul mit seinem CI. Er trägt einen ⇒ HdO-Prozessor (Hinter-dem-Ohr-Prozessor), der ähnlich wie eine Hörgerät aussieht. Der Schall wird durch das Mikrofon am oberen Ende des Sprachprozessors aufgenommen, im Sprachprozessor bearbeitet und dann an die Sendespule am Kopf weitergeleitet. Die Sendespule überträgt das Signal durch die Haut zum eigentlichen Implantat. Die Sendespule hält durch einen Magneten und kann daher ganz leicht angelegt und abgenommen werden. Unter der Haut ist das Gegenstück zur Sendespule, der Empfänger; dieser gibt das Signal an die Elektroden weiter, die während der Operation direkt in die Schnecke eingeschoben wurden. Gelangt das Schallsignal in die Schnecke, wird der Hörnerv direkt künstlich gereizt. Somit können die verschiedenen Tonhöhen alle ähnlich gut gehört werden. Bei hochgradig schwerhörigen, mit Hörgeräten versorgten Kindern können ja nur die Töne verstärkt werden, die ansatzweise vorhanden sind. Oft können aber die hohen Frequenzen gar nicht mehr gehört und durch Hörgeräte auch nicht verstärkt werden, was zu dem bereits beschriebenen ganz anderen Hören (s. Abb. 3) führt. Da es beim CI keine Rolle spielt, ob und in welchem Frequenzbereich das Ohr noch Hörreste hatte, werden die verschiedenen Tonhöhen über die künstliche Reizung des Hörnervs in etwa gleich gut gehört. Das hat den großen Vorteil, dass die Kinder mit CI z. B. auch die hochfrequenten Sprachlaute wie „s“ und „f“ gut hören und diese dadurch gut sprechen lernen können. Das CI wird über mehrere Knopfzellenbatterien mit Strom versorgt, die sich im Sprachprozessor befinden oder über Akkus.

Das CI besteht also aus den einoperierten, inneren Teilen, dem Empfänger und den Elektroden (letztere gleichen einem dünnen Draht), und den äußeren Teilen: dem Mikrofon, dem Sprachprozessor und der Sendespule. Die äußeren Teile nimmt man, wie ein Hörgerät auch, beim Schlafen und im Wasser ab. Bei Regen sollte auch das CI durch eine Kapuze geschützt werden. Einige Kinder tragen keinen HdO-Prozessor, sondern einen Taschenprozessor, wie er in Abb. 7 schematisch dargestellt ist. Dieser sieht ähnlich aus wie ein kleiner Walkman und wird bei Kleinkindern meist in Form einer kleinen Rucksacktasche unter der Kleidung am Rücken getragen. Er ist über ein Kabel mit dem Mikrofon am Ohr verbunden. Das Mikrofonteil sieht ähnlich aus wie ein Hörgerät und hängt wie ein Hörgerät über der Ohrmuschel. Ein zweites Kabel leitet das Schallsignal von dem Taschenprozessor zu der Sendespule am Kopf. Der Taschenprozessor ist etwas robuster als der kleine Prozessor hinter dem Ohr und etwas

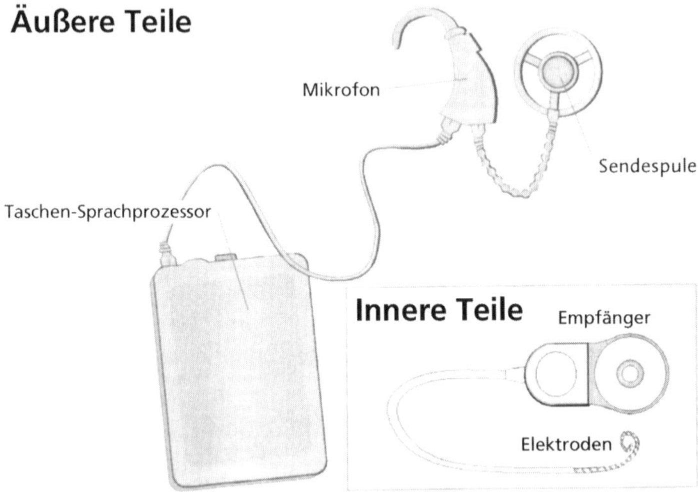

Abb. 7: Schematische Darstellung eines Cochlea Implantates mit Taschen-Sprachprozessor (nach Abb. in Infomaterial der Deutschen Cochlear Implant Gesellschaft)

leichter zu bedienen, z. B. beim Ankoppeln der ⇒ FM- Anlage (drahtlose Mikrofonanlage). Sie werden aber hauptsächlich den neueren CIs mit HdO-Prozessor begegnen. Auch diese Geräte können über die beschriebene Bändchensicherung befestigt werden.

Da es bei den CIs verschiedene Fabrikate und Modelle gibt, kann hier keine allgemein gültige Bedienungsanleitung gegeben werden. Lassen Sie sich, wie auch bei den Hörgeräten, zeigen, wie man das Gerät anlegt und abnimmt, wie man es ein- und ausschaltet, und wie man die Batterien wechselt. Schalten Sie das CI immer aus, bevor sie es abnehmen oder etwas damit machen, und schalten Sie es erst ein, wenn es wieder komplett angelegt ist. Bewahren Sie auch für das CI Ersatzbatterien im Kindergarten auf, die Ihnen die Eltern geben werden. Manche Sprachprozessoren geben einen Signalton ab oder blinken, kurz bevor die Batterien leer sind. Je nach Fabrikat ist dieser Signalton nur über das Gerät für den CI-Träger selbst hörbar. Wenn das Kind also in diesem Fall sagt: „es piept" und Sie nichts gehört haben, heißt das nicht, dass Sie schwerhörig sind. Notieren Sie sich, welche Einstellung des Sprachprozessors korrekt ist und lassen Sie sich Änderungen mitteilen. Die Regler an den HdO-Prozessoren können sich manchmal leicht verstellen, z. B. beim An- und Ausziehen der Mütze. Bei Taschenprozessoren, die auf dem Rücken getragen werden, ist es vereinzelt möglich, dass sich der Verriegelungsmechanismus ausschaltet, wenn das Kind auf dem Rücken liegt, und sich dann das Hörprogramm verstellt.

Bei Unternehmungen mit Übernachtungen muss nur an ausreichend Ersatzbatterien oder Akkus gedacht werden.

4.3 Die drahtlose Mikrofonanlage (FM-Anlage)

Zusätzlich zu Hörgerät und CI kann das Hören wesentlich durch eine ⇒ FM-Anlage erleichtert werden. FM steht für „Frequenzmodulation". Die Anlage besteht aus einem Empfänger mit Verbindung zu den Hörgeräten oder dem CI, den das Kind trägt, und einem Sender mit Mikrofon für den Gesprächspartner. Das Kind hört damit über weitere Entfernung und im Störlärm besser. Das Mikrofon befindet sich nahe am Mund der Erzieherin, die dadurch von ihm wesentlich deutlicher verstanden wird, selbst wenn sie im Stuhlkreis weiter entfernt sitzt. Der Effekt ist etwa so, als ob das Kind auf ihrem Schoß sitzen würde. Die Entfernung wird durch die Anlage also überbrückt. Einige FM-Anlagen haben eine Automatik eingebaut, die bewirkt, dass die Hörgerätemikrofone leiser aufnehmen, solange die Erzieherin über die Anlage spricht. Hört sie auf zu sprechen, empfangen die Hörgerätemikrofone wieder alles wie gewohnt. So werden z. B. die Geräusche vom Nachbarn, der gerade etwas in seiner Hosentasche sucht, nur ganz leise gehört, die Stimme der Erzieherin in dem Moment aber klar und deutlich.

Die Anlage sollte täglich mit nach Hause gegeben werden. So kann das Kind die Anlage auch in der Freizeit nutzen und die Eltern können dafür sorgen, dass die Batterien aufgeladen oder ausgetauscht werden. Lassen Sie sich zeigen, wie die Anlage ein- und ausgeschaltet und wie sie an die Hörgeräte oder das CI angeschlossen wird. Vereinzelt muss beim CI ein anderes Programm in Verbindung mit der Anlage eingestellt werden. Es gibt auch hier verschiedenste Fabrikate. Manche Geräte haben Blinklämpchen, an denen man sehen kann, ob die Übertragung funktioniert.

Am sinnvollsten verwenden Sie die Anlage im täglichen Stuhlkreis. Wird der Raum einmal für eine Dia- oder Filmvorführung verdunkelt, kann der Sprecher im Raum viel besser verstanden werden. Auch bei größeren Feiern im Kindergarten, wo jemand vor einer großen Gruppe spricht, sollte dieser den Sender mit Mikrofon und das Kind den Empfänger tragen. Beim Ausflug ist das Kind mit der Anlage auch über größere Entfernung akustisch erreichbar. **Doch Vorsicht: Schalten Sie die Anlage immer sofort aus, wenn Sie sich mit anderen unterhalten.** Das Kind hört sonst alles deutlich mit, was sehr irritierend und lästig ist. Kinder, die sprachlich gut entwickelt sind, verstehen oft auch ohne die Anlage ganz gut. Diese wird dann oft gar nicht benutzt, weil für den Erwachsenen kaum ein Unterschied zu sehen ist. Tatsache ist aber: Die Kinder hören mit der Anlage sehr viel entspannter. Sie benötigen nicht so viel Energie für das Zuhören und ermüden nicht so schnell. Auch unter dem Aspekt, dass für ein Kind später ein Regelschulbesuch geplant ist, ist es wichtig, dass es an den regelmäßigen Gebrauch der FM-Anlage gewöhnt ist und die Eingewöhnung nicht erst mit der Einschulung beginnt. Haben Sie aber den Eindruck, das Kind hört mit der Anlage schlechter und lehnt sie ab, sollten Sie dies immer ernst nehmen. Durch falsche Einstellungen und falsche Kabelverbindungen kann die Anlage gar nicht funktionieren, oder es können auch unangenehme Störsignale entstehen. Leider geschieht das gar nicht so selten. Die Eltern sollten dann mit den Technikern ihres CI-Centrums oder mit dem Hörgeräteakustiker Kontakt aufnehmen. Ist die Funktionstüchtigkeit sicher abgeklärt und das Kind lehnt die Anlage weiter ab, sollte die Eingewöhnung erst schrittweise zu Hause erfolgen. Geben Sie nicht vorzeitig auf! Wir als Normalhörende unterschätzen immer, wie viel schlechter schwerhörige Menschen auch bei leichtem Störlärm (z. B. Stimmen im Hintergrund, leise Musik, Papierrascheln) oder aus einer Entfernung von wenigen Metern hören. Probieren Sie es doch einmal selbst aus: Versuchen Sie, eine auf Zimmerlautstärke eingestellte Radiosendung aus einiger Entfernung zu verfolgen, wenn andere Menschen im Raum sind und sich unterhalten.

4.4 Kleine Pannenhilfe

Was tun, wenn …

… das Kind mit dem Hörgerät oder CI nichts mehr hört?

- Ist das Gerät eingeschaltet?
- Ist beim Hörgerät das Batteriefach geschlossen?
- Steht das Hörgerät aus Versehen auf „T"?

- Steht es auf dem richtigen Programm?
- Ist die Lautstärke korrekt eingestellt?
- Sind die Batterien leer oder falsch eingesetzt?
- Ist beim Hörgerät das Ohrpassstück durch Ohrschmalz verstopft? Ist ein Wassertropfen (z. B. vom Schwitzen) im Schallschlauch? Wenn ja, lösen Sie den Schallschlauch vom harten Winkel, reinigen Sie das Ohrpassstück, pusten es durch, damit kein Wasser im Schallschlauch verbleibt und setzen es wieder an das Hörgerät.
- Wenn kein erkennbarer Grund vorhanden ist, schalten Sie das Gerät aus, nehmen es ab und informieren die Eltern, wenn sie das Kind abholen.

... das Hörgerät pfeift?

- Sitzt das Ohrpassstück korrekt in der Ohrmuschel? Wenn nicht, korrigieren Sie den Sitz und drücken Sie es etwas in die Ohrmuschel.
- Ist der Schallschlauch gebrochen, also undicht? Wenn ja, müssen die Eltern zum Hörgeräteakustiker und den Schlauch auswechseln lassen.

Bei häufigem Pfeifen die Eltern darüber informieren. Entweder sind neue Ohrpassstücke nötig, weil die Ohren gewachsen sind, oder im Ohr befindet sich sehr viel Ohrschmalz, das vom HNO-Arzt entfernt werden muss.

... das CI piepst oder blinkt?

Batterien wechseln

... das Hörgerät oder CI nass geworden ist?

Entnehmen Sie die Batterien, lassen Sie das Batteriefach offen, trocknen Sie das Gerät nur äußerlich mit einem sauberen Tuch, lassen Sie es mit offenem Batteriefach zum Trocknen liegen, im Winter in der Nähe der Heizung, jedoch nie auf der Heizung oder in der prallen Sonne.

. . . die Hörhilfen gar nicht mehr funktionieren und abgenommen werden müssen?

Sprechen Sie das Kind nur mit Blickkontakt an, damit es Ihre Sprechbewegungen, Ihre Mimik und Gestik sehen kann.

4.5 Welche Sicherheitsregeln müssen beachtet werden?

Hörgeräte und CI sollten möglichst nicht nass oder grob verschmutzt werden. Beim Schwimmen und im Planschbecken müssen die Geräte abgenommen werden. Sie müssen aber nicht bei jeder Schneeballschlacht oder bei jedem Regenguss Angst bekommen, dass etwas kaputt geht. Ganz allgemein gilt für hörgeschädigte Kinder das Gleiche wie für alle anderen Kinder: mit Sand beworfen oder mit der Sandschaufel auf den Kopf geschlagen zu werden ist nicht gut.

Wenn das Kind Gleichgewichtsprobleme hat, sollte es beim Klettern beobachtet werden. Wenn das Kind stürzt und auf den Kopf fällt, sollte dies den Eltern auf jeden Fall berichtet werden.

Für CI-Träger kann es bei elektrostatischer Aufladung zu Problemen kommen. Sie kennen das: Wenn Sie z.B. aus dem Auto aussteigen, dann kribbelt es an der Hand, wenn Sie die Autotüre berühren, um diese zu schließen. Sie hatten sich durch Reibung mit den Kunststoffbezügen der Sitze aufgeladen und am Metall der Türe über die Hand wieder entladen. Im Winter tritt dieser Effekt der Aufladung in geschlossenen Räumen, wegen der trockenen Heizungsluft, verstärkt auf. Die elektrostatische Aufladung durch Reibung an Kunststoffmaterial ist für das Kind mit CI noch nicht das Problem. Gefährlich wird es nur, wenn die Entladung über Teile des CIs passiert. Das heißt, wenn das Kind im Bällchenbad, auf einer Plastikrutsche oder in der Höhlen-Bauecke mit den Polstern spielt, die mit Kunstoffen überzogen sind, und dann von einem anderen Kind am Kopf oder an Teilen seines CIs berührt wird, also die Entladung über das CI geschieht. Im schlimmsten Fall kann dies zum Ausfall der inneren operierten Teile führen, und es muss eine erneute Operation erfolgen, um die Teile auszutauschen.

Das CI muss daher abgelegt werden:

- auf Plastikrutschbahnen,
- im Bällchenbad,
- im Kunststoffkriechtunnel,
- beim Spielen mit Kunststoffpolstern,
- beim Rollen in Kunststofftonnen,

also immer, wenn starke Reibung mit Kunststoffteilen erfolgt.

Viele Kinder wissen dies jedoch auch im Kindergartenalter schon selbst und legen das Gerät selbstständig vor dem Spiel mit den genannten Gegenständen ab. Sie müssen aber trotzdem dieses Verhalten

Abb. 8: Plastikrutschbahnen können für CI-Träger gefährlich werden

kontrollieren. Machen Sie die anderen Kinder der Gruppe auch darauf aufmerksam, dass das Kind z. B. im Bällchenbad nichts hört, und man das Kind unbedingt ansehen muss, wenn man ihm etwas sagen möchte.

Beim Turnen können Hörgeräte und CI anbehalten werden. Beim Spiel mit harten Bällen sollten Sie den anderen Kindern jedoch strikt klar machen, dass diese nicht an den Kopf geworfen werden dürfen, nicht nur bei dem hörgeschädigten Kind! Beim Purzelbaumschlagen ist natürlich ein Sprachprozessor auf dem Rücken hinderlich und sollte abgenommen werden. Hat der Turnraum einen Kunststoffboden, ist es günstig, das Kind mit CI zwischendurch immer mal wieder an der Hand anzufassen, damit sich eine mögliche Aufladung über die Hand entlädt. Die Verhaltensregeln zur elektrostatischen Aufladung bei dem Kind mit CI sollten allen Mitarbeitern der Einrichtung bekannt sein.

4.6 Die Raumakustik – So hören alle in der Gruppe entspannter

Sie kennen diese Situationen gut: Viele Menschen sprechen in einem Raum durcheinander. Hallt dieser Raum dann noch dazu sehr, versteht man auch als normal Hörender kaum ein Wort, muss sich sehr konzentrieren und selbst auch lauter sprechen. Die Folge ist: Man ist schnell genervt und ermüdet rasch. Bei hörgeschädigten Menschen wirken sich solch ungünstige akustische Bedingungen noch wesentlich stärker aus, da sie mit den Hörgeräten oder dem CI bei weitem nicht so gut den Hintergrundlärm ausblenden können wie normal Hörende, egal ob dies Stimmen oder Geräusche sind. Sie nehmen also alle Nebengeräusche viel stärker wahr. Daher wird ein hörgeschädigtes Kind z. B. in einer großen Turnhalle immer Sprachverständnisprobleme haben. Doch auch kleinere Räume können stark hallen. Für Ihren Gruppenraum gibt es ein paar ganz einfache Maßnahmen, mit denen Sie die Raumakustik verbessern können. Alle Erzieherinnen haben mir bisher mitgeteilt, dass durch diese Maßnahmen ihre Nerven wesentlich geschont wurden und auch die anderen Kinder von der Lärmreduzierung immer sehr profitiert haben. Der Effekt, dass es in einem Raum hallig klingt, entsteht besonders durch große, glatte Flächen, z. B. eine glatte Zimmerdecke, ein glatter Fußboden, glatte Wände oder eine große, glatte Fensterfläche. Es gilt also, diese Flächen zu unterbrechen. Dies geschieht am besten durch Stoffe, da diese den Schall am besten „schlucken".

Hier finden Sie einige Beispiele, wie Sie die Raumakustik verbessern können:

- Vorhänge anbringen
- einen Teppich auslegen (besser Naturmaterial als Kunststoff), z. B. in der Bauecke, Puppenecke, oder auch einen runden Teppich für den Kissenkreis
- Kissen für den Kissenkreis (anstatt Stuhlkreis); jedes Kind hat sein eigenes Kissen, das es von zu Hause mitgebracht hat. Werden diese nicht benutzt, ist der Kissenhaufen in irgendeiner Ecke des Zimmers auch für die Raumakustik ein günstiger Schallschlucker.
- Raumteiler aus Stoff, z. B. zum Abgrenzen der Bau- oder Puppenecke
- mit Stoff abgehängte Zimmerdecken. Auch Netze oder Äste, an denen Dekorationen aufgehängt werde, sind besser als ganz glatte Zimmerdecken.
- große Fensterflächen durch Dekoration oder Bastelarbeiten unterbrechen
- große Pinwände mit Stoff überziehen
- Wandbilder aus Stoff (Filzarbeiten, Seidenmalbilder, Ästewebrahmen ...)
- Filz unter die Stuhlbeine (besser zum Anschrauben als zum Kleben, da letztere sich relativ schnell wieder lösen können)

Häufig wurde mir von Erzieherinnen berichtet, dass solche oder ähnliche Maßnahmen nicht nur zu viel mehr Ruhe führten, sondern den Raum auch gemütlicher machten. Außerdem werden durch die Raumteiler die verschiedenen Spielbereiche deutlicher markiert und geben somit den Kindern mehr Raumorientierung. Natürlich müssen Sie bei Veränderungen die Feuerschutzbestimmungen Ihrer Einrichtung beachten. Mir fällt auf, dass immer mehr Kindergärten auch Rückzugsräume anbieten, in denen die Kinder zur Ruhe kommen können. Diese „Kuschelhöhlen“ oder „Traumzimmer“ kommen allen zu Gute: Den ruhigeren Kindern, die gerne mal aus der großen Grup-

Abb. 9: So wird die Raumakustik verbessert und der Platz gemütlicher

pe raus wollen, den besonders unruhigen und natürlich auch den schwerhörigen Kindern. Sie haben in diesem Raum einfach mal eine Hörpause von den normalen Alltagsgeräuschen und können sich ausruhen, wenn sie müde sind. Hörgeschädigte Menschen ermüden generell schneller, weil die Konzentration beim Zuhören einfach größer und damit der Alltag auch anstrengender ist.

5 Wie sieht die hörgerichtete Förderung der Kinder in der Familie aus?

Neulich besuchte ich eine große, traditionsreiche Einrichtung für hörgeschädigte Kinder. Der Direktor berichtete mir, dass diese früher „Taubstummeninstitut" hieß. Jetzt heißt die Einrichtung „Institut für Hör- und Sprachpädagogik". Wie ist es möglich, dass selbst hochgradig schwerhörige oder gehörlose Kinder hören lernen können? Die Basis dafür ist eine möglichst frühe Diagnose der Hörschädigung und die frühe Versorgung mit gut angepassten Hörgeräten oder einem CI. Gleichzeitig muss eine Begleitung der Familie durch die Frühförderung für hörgeschädigte Kinder einsetzen. „Es muss sehr klar betont werden, dass ein hörgeschädigtes Kind kein Kind ist, das nicht hören kann, sondern eines, das dabei ist, hören zu lernen" (Clark 1989, 62, aus dem Englischen übersetzt von der Autorin). Dies schrieb Morag Clark bereits 1989. Sie ist eine der weltweit bekanntesten Vertreterinnen des „natürlichen hörgerichteten Ansatzes" in der Förderung hörgeschädigter Kinder. „Natürlich" heißt hier, dass die intuitiven sprachfördernden Verhaltensweisen der Eltern genutzt und unterstützt werden und dass der Spracherwerb der hörgeschädigten Kinder in der natürlichen Alltagskommunikation geschieht. Sie findet also nicht in besonderen Förderstunden statt, in denen mit den Kindern spezielle Hör- oder Sprechübungen durchgeführt werden. „Hörgerichtet" bedeutet, dass aufgrund der Hörschädigung nicht ausgleichend über die anderen Sinne des Kindes gearbeitet wird, wie dies früher nötig war, sondern dass die Kinder im normalen Tagesablauf hören lernen. Damit wird auch die Grundlage für den Spracherwerb geschaffen.

Diese Kinder brauchen nicht mehr vom Speziellen, sondern mehr vom Normalen.

Dieser Satz beschreibt diesen Förderansatz sehr genau. Was ist aber „das Normale" im Spracherwerb? Alle Eltern sprechen mit ihren Säuglingen sehr melodisch und mit vielen Wiederholungen. So lernen Säuglinge schon lange, bevor sie verstehen, WAS gesagt wird, WIE es gesagt wird, mit welcher Melodie und Betonung. Eltern sind dem Wortschatz des Kindes immer ein klein wenig voraus. So ergänzen sie

Abb. 10: Hören lernen im Alltag: Wie klingt was, wenn ich es aus der Schublade räume?

die Äußerung ihres Kindes „Auto apu" z. B. durch „Oh ja, das Auto ist kaputt. Ein Rad ist abgebrochen". Sie stellen Alternativfragen wie „Möchtest Du Tee oder Saft?", um das Kind zum Sprechen anzuregen, und geben ihm damit ein Modell für die Wörter, die gerade passend wären. Sie machen das Kind auf Geräusche und deren Ursache aufmerksam: „Ding Dong, hör mal, wer kommt denn da?" Sie lassen ihr Kind Geräusche selbst erkunden, indem es z. B. eine Küchenschublade ausräumt und dabei lernt, wie eine Plastikschüssel klingt, wenn man sie auf den Boden stellt, und wie ein Topf aus Metall.

Sie wiederholen Äußerungen des Kindes in der korrekten Form, ohne dem Kind dabei zu signalisieren, dass es etwas falsch gemacht hat: Das Kind sagt beim Frühstück „mehr lade" und der Vater geht darauf ein und sagt „Möchtest du noch mehr Marmelade, noch mehr?" Dies sind nur wenige Beispiele dafür, wie Eltern intuitiv die Sprache ihrer Kinder fördern. Diese Art der Kommunikation ist speziell für hörgeschädigte Kinder von größter Bedeutung. Das Ziel der frühen Sprachtherapie muss es daher sein, den Eltern nach der Verunsicherung durch die Diagnose wieder das Selbstvertrauen zu geben, dass ihnen alles zur Verfügung steht, was sie zur Erziehung und Förderung ihres hörgeschädigten Kindes brauchen. Sie müssen wieder Vertrauen in ihre eigene Kompetenz bekommen. In den Frühförderstunden nach dem natürlichen hörgerichteten Ansatz nimmt die Beobachtung der Eltern-Kind-Interaktion im Spiel und bei Alltagstätigkeiten daher einen großen Raum ein. Die Eltern werden dabei in ihren Verhaltensweisen bestärkt und es werden zusätzliche Tipps gegeben, wie die Kommunikation am besten klappt. Ebenso sollte den Eltern immer wieder in der konkreten Situation gezeigt werden, wo das Kind in seiner Sprach- und Gesamtentwicklung steht und welche Fortschritte es gemacht hat – gerade da es am Anfang ein Weg der kleinen Schritte ist.

Durch die Früherkennung von Hörstörungen, die bessere medizinische und technische Versorgung und das genauere Wissen um den natürlichen Spracherwerb können heute so viele hörgeschädigte Kinder auf diesem natürlichen, hörgerichteten Weg im Alltag sprechen lernen wie nie zuvor.

Die heutige Lautsprachanbahnung bei hochgradig hörgeschädigten Kindern hat daher nichts mehr mit dem Vorgehen in früheren Zeiten zu tun, das von erwachsenen Gehörlosen häufig zu Recht verurteilt wird. Mühsame Abseh- und Abfühlübungen vor dem Artikulationsspiegel, durch den Lehrer vorbestimmte Wörter, die isoliert und völlig ohne Kommunikationszusammenhang trainiert wurden, waren oft nicht nur für die Schüler eine Qual. Die Kinder erhielten nicht in dem Alter die Hörgeräte, in dem Kinder normalerweise Sprache erwerben, sondern meist viel später. Es gab für gehörlose und resthörige Kinder kaum eine Möglichkeit, über das Hören Sprache zu erwerben, da die normalen Hörgeräte zu wenig Höreindrücke liefern konnten. Darüber hinaus war man der Meinung, dass die Fachleute diese Kinder besser erziehen können als die Eltern, und die Kinder kamen meist schon vor Schuleintritt in Internate. Langsam setzte sich dann jedoch die Erkenntnis durch, dass natürlich auch diese Kinder am besten in ihrer Familie aufgehoben und in ihrer vertrauten Umgebung gefördert werden können. Zu diesem Thema haben besonders Antonius van Uden aus den Niederlanden und Susanna Schmid-Giovannini aus der Schweiz Pionierarbeit geleistet.

Vielleicht fragen Sie sich jetzt: „Und was ist mit der Zeichensprache?“ Etwa 90 % der hörgeschädigten Kinder haben normal hörende Eltern. Deren Muttersprache ist die Lautsprache und die meisten dieser Eltern wünschen sich einen Weg, auf dem sie über die Kommunikation in ihrer Sprache ihre Kinder in der Hör- und Sprachentwicklung unterstützen können. Einige Eltern, besonders auch gehörlose Eltern, wählen die zusätzliche oder ausschließliche Kommunikation über die ⇒ Gebärdensprache. Dabei muss man die Deutsche Gebärdensprache und lautsprachbegleitende Gebärden unterscheiden. Die Deutsche Gebärdensprache ist ein eigenes Sprachsystem mit eigener Grammatik und eigenen Gesetzmäßigkeiten. Lautsprachbegleitende Gebärden sind die gleichen Gebärdenzeichen, werden aber unterstützend, parallel zum Sprechen verwendet. Die Gründe dafür, Gebärden zu verwenden, sind unterschiedlich: Gehörlose Eltern kommunizieren mit ihren gehörlosen Kindern in Deutscher Gebärdensprache, wenn dies die Kommunikationsform der Familie ist; hörende Eltern gehörloser Kinder verwenden lautsprachbegleitende Gebärden, da sie z. B. aus weltanschaulichen Gründen kein CI für ihr Kind möchten, weil sie zu Beginn der Sprachentwicklung die Kommunikation über Gebärden unterstützen wollen oder weil ihr Kind aufgrund von zusätzlichen Entwicklungsproblemen oder einer sehr späten Diagnose trotz Hörgeräten oder CI nicht oder nur sehr langsam zur Sprache kommt. Hat ein Kind Probleme in der Sprachentwicklung, muss jedoch sehr genau untersucht werden, welche Unterstützung für dieses Kind wirklich hilfreich ist. Dies kann z. B. eine Ergotherapie, eine Spieltherapie, eine logopädische Behandlung der Mundmotorik, der Einsatz von Gebärden oder anderen Formen der Unterstützten Kommunikation (Bildsymbole, Sprachcomputer…) sein. Nicht selten haben Kinder Sprachprobleme aufgrund von Teilleistungsstörungen, die auch für den Gebärdenerwerb relevant sind, da es sich dabei, wie auch bei der Sprache, um ein Symbolsystem handelt, das ähnliche Grundfähigkeiten voraussetzt. So ist für diese Kinder z. B. eine ⇒ Ergotherapie sinnvoller, über die die Teilleistungsstörungen behandelt werden, anstatt nur zusätzlich Gebärden zu verwenden. Gebärdensprache ist für die meisten Eltern hörgeschädigter Kinder nicht deren Muttersprache, in der sie mit all ihren intuitiven sprachfördernden Verhaltensweisen entspannt kommunizieren können, sondern eine Fremdsprache. Außerdem wird sie nur von einer kleinen Minderheit verstanden und gesprochen; Menschen, die auf die Kommunikation über Gebärden angewiesen sind, benötigen in der Kommunikation mit hörenden Menschen einen Gebärdendolmetscher, sind also in bestimmten Lebenssituationen abhängig von fremder Hilfe. Hörgeschädigte Kinder, die in den ersten Lebensjahren, in denen die Hörbahnreifung im Gehirn noch nicht abgeschlossen ist, über ihre Muttersprache hören und sprechen lernen, können später selbst wählen, ob sie zusätzlich zur Lautsprache noch die Gebärdensprache erwerben möchten. Die umgekehrte Reihenfolge ist nicht möglich, da die sensible Phase für die Hör- und Sprachentwicklung nach den ersten Lebensjahren abgeschlossen ist.

Noch ein Thema, das Sie sicher häufig beschäftigen wird: Was ist zu tun, wenn die Familie des Kindes fremdsprachig ist? Ist dann auch ein hörgerichteter Weg über die Muttersprache möglich? Insgesamt hat sich in der Förderung von Kindern mit verschiedensten Sprachentwicklungsproblemen die Ansicht durchgesetzt, dass diese in der Sprachanbahnungsphase unbedingt in ihrer Muttersprache erzogen werden sollten. Die Vorteile wurden oben in einigen Beispielen bereits beschrieben. Es ist sehr wichtig, dass die Eltern unverkrampft, emotional, spontan, also natürlich mit ihren Kinder kommunizieren. „Die Muttersprache ist demzufolge kein Hindernis für den Deutschlernprozess. Vielmehr stellt ihre Entwicklung eine Voraussetzung für den geglückten Zweitspracherwerb dar" (Wendlandt, 2000, 95). Daher ist für hörgeschädigte Kinder, die aus fremdsprachigen Familien stammen, mit dem Kindergarteneintritt oft auch erstmalig die intensive Begegnung mit der deutschen Sprache verbunden.

Zum Abschluss noch einmal Morag Clark: „Ein Schlüsselaspekt jedes natürlichen hörgerichtet-lautsprachlichen Programms ist die Betrachtung des ganzen Kindes. Diejenigen, die mit diesem Programm arbeiten, sehen das Kind in erster Linie als Kind und dann erst als ein Kind mit einem Hörproblem, das man mit Hilfe von Elternanleitung und heutiger Technologie in Angriff nimmt" (Clark 2002, 36).

6 Die erste Zeit

6.1 Tipps zur Eingewöhnung

Vielleicht sind Ihre bisherigen Erfahrungen mit schwerhörigen Menschen davon geprägt, dass sie einen älteren Menschen kennen, dessen Hörgeräte häufig pfeifen und der sie am liebsten gar nicht trägt, weil sie ihm so unangenehm sind. Vielleicht fragen Sie sich auch: „Wie erreiche ich das Kind, wenn es mich nicht hört? Wird es mich und die anderen Kinder verstehen?“. Hörgeschädigte Kinder sind so unterschiedlich wie normal hörende Kinder.

Machen Sie sich selbst ein Bild von dem Kind. Sicher ist ein Schnuppertag günstig, um das Kind schon vor Beginn des neuen Kindergartenjahres in der Gruppe zu erleben und um zu sehen, wie es sich mit den Kindern und den Erwachsenen verständigt.

Wird das Kind aufgenommen, ist es Aufgabe der Eltern, es auf diesen wichtigen Schritt und die Veränderung in seinem Leben vorzubereiten. Reicht das Sprachverständnis des Kindes noch nicht aus, um ihm dies sprachlich genau zu erklären, sind Fotos sehr hilfreich. So könnten die Eltern z. B. das Gebäude, die Tür zum Gruppenraum mit dem Symbol und dem Namen der Gruppe, den Raum und die Erzieherinnen fotografieren. So wird das Kind gut eingestimmt; nebenbei kann man ihm zu Hause schon mal den Gruppennamen und die Namen der Erzieherinnen erklären. Nach Beginn der Aufnahme in den Kindergarten sind natürlich auch Fotos der anderen Kinder hilfreich. In manchen Kindergärten ist es ja üblich, gleich zu Beginn ein Gruppenfoto zu machen, das ist ideal. Ansonsten sollten Sie den Eltern erlauben, ein paar Fotos von den Kindern zu machen. Dies könnte am Elternabend vorbesprochen werden, um das Einverständnis der anderen Eltern zu bekommen. So wird sich das Kind relativ schnell die Namen der neuen Spielgefährten merken, da die Eltern zu Hause nochmals in Ruhe mit dem Kind anhand der Fotos darüber sprechen können. Schmid-Giovannini bemerkt in ihrem Ratgeber, dass natürlich auch die anderen Kinder Zeit brauchen, um die Namen zu lernen. „Aber für sie genügt es, wenn im Morgenlied oder der üblichen Begrüßung, bei einem Spiel und beim Rufen die Namen genannt werden.“ (1995, 10) Das hörgeschädigte

Kind benötigt mehr Wiederholung von diesen größtenteils völlig neuen Wörtern, die für die Namen stehen. Auch die genaue Aussprache kann besser in einer ruhigen Dialogsituation zu Hause geklärt werden.

Wie schnell sich ein Kind eingewöhnt, hängt grundsätzlich mehr von seiner Persönlichkeit ab, als vom Grad seines Hörschadens. In erster Linie ist natürlich auch dieses Kind ein ganz normales Kind, mit all seinen Stärken und Schwächen, und nicht ein „Hörgeräte- oder CI-Kind". Integration ist immer ein Prozess. Was Sie dem Kind besonders zu Beginn geben sollten, ist Zeit. Hörgeschädigte kleine Kinder sind oft sehr mit ihrer Mutter verbunden. Sie ist diejenige, die das Kind von Anfang an verstanden hat, noch bevor es sprechen lernte und auch später, als seine Aussprache noch sehr unverständlich war. Sie ist die Vermittlerin und Dolmetscherin, wenn das Kind noch nicht weit genug ist, um ganz selbstständig mit anderen zu kommunizieren. Es kann daher sein, dass ein hörgeschädigtes Kind eine längere Ablösungsphase benötigt, bis es wirklich sicher ist, die neuen Personen etwas vertrauter sind und gewisse Abläufe durch die tägliche Wiederholung Sicherheit geben. Natürlich gibt es auch hörgeschädigte Kinder, die schon am ersten Tag in die Gruppe stürmen, und deren Mütter mehr mit dem Abschied kämpfen als die Kinder selbst. Dies ist gut nachvollziehbar, da die Sorge, „wird es auch ohne mich zurecht kommen, verstehen und verstanden werden", natürlich größer ist als bei Müttern von Kindern mit normaler Hör- und Sprachentwicklung. Dazu kommt noch ein weiterer Aspekt, den hier die Gruppenleiterin eines integrativen Montessorikindergartens schildert:

„Barbara hat anfangs fast nur beobachtet, sie konnte sich zuerst gar nicht auf eigene Tätigkeiten einlassen und konzentrieren. Ich hatte etwa ein halbes bis dreiviertel Jahr lang den Eindruck, dass sie leicht ablenkbar war und sich nur schlecht konzentrieren konnte. Doch dann war alles anders. Offensichtlich benötigte das Kind einfach diese Zeit, um sich zu orientieren. Da sie nicht verstehen konnte, was andere Kinder nebenbei und untereinander sprachen, und sie die Geräusche im Raum noch nicht alle sicher zuordnen konnte, musste sie sich über das Beobachten zunächst Klarheit und damit Sicherheit verschaffen, was in so einer Kindergartengruppe eigentlich abläuft."

Barbara ist resthörig und war damals mit Hörgeräten versorgt. Heute trägt sie ein CI und ist damit kaum mehr auf das zusätzliche Absehen der Sprache vom Gesicht angewiesen, wie es zu Beginn der Kindergartenzeit noch nötig war. Wenn Sie sehen, dass ein Kind interessiert und konzentriert beobachtet, geben sie ihm die Zeit, die es dazu braucht.

Wie auch allen anderen Kindern geben Rituale und klare Abläufe dem hörgeschädigten Kind Halt, da es sicher einschätzen kann, was als nächstes passieren wird, auch wenn es sprachlich gerade nicht alles mitbekommen hat. Zu diesen Ritualen gehören die Begrüßung und das Gespräch an der Garderobe. Es hat für alle Kinder einen großen Stellenwert. Die Kinder fühlen, dass sie willkommen sind, und wollen gerade bei der ersten Begegnung der Erzieherin häufig etwas mitteilen. So werden begeistert die neuen Schuhe gezeigt, die gerade gefundene Kastanie soll bewundert werden oder sie berichten, dass sie „am Knie ein Aua haben".

Haben Sie keine Bedenken, dass bestimmte Sachen für das Kind nicht geeignet sind. Schließen Sie das Kind von keinen Aktivitäten aus. Gerade aufgrund seiner Hörschädigung profitiert das Kind besonders von musikalischer Früherziehung, Rhythmik, Geschichten erzählen und anderen Beschäftigungen, in welchen Hören und Sprache wichtig sind. Sie werden damit das Kind in seiner Hörentwicklung unterstützen und so auch seine Sprachentwicklung fördern. In Liedern ist z. B. ganz natürlich viel Wiederholung enthalten, da sie immer gleich gesungen werden. Es wird das Rhythmusgefühl geschult und auch das Hörgedächtnis, um nur einige Beispiele zu nennen. Wie Sie dem Kind z. B. im Stuhlkreis helfen können, damit es möglichst viel von einer neuen Geschichte versteht, finden Sie in Kapitel 8 „Wie verstehen wir uns am besten?", auf welche Weise die Eltern dabei helfen können, im 7. Kapitel „Welche speziellen Aspekte in der Elternarbeit müssen beachtet werden?".

Ist das Kind am Anfang noch sehr sprechscheu, kann man es durch Fragen, die mit „ja" oder „nein" beantwortet werden können, an Gesprächen beteiligen. Geben Sie sich auch selbst Zeit, sich in die Aussprache von hochgradig hörgeschädigten Kindern einzuhören. Deutliches Sprechen braucht Übung. Wenn ein Kind z. B. erst mit 20 Monaten Hörgeräte bekam, braucht es natürlich umso länger, bis seine Aussprache deutlicher wird, als wenn es vom ersten Lebenstag an bzw. schon im Mutterleib gehört hat. Außerdem hängt die Aussprache auch etwas davon ab, wie das Kind die einzelnen Sprachlaute mit seiner Hörkurve hören kann, wie es in Kapitel 3 „Gut hören – schlecht hören" beschrieben wurde.

Abgesehen von der sprachlichen Kommunikation und dem Hörverhalten kann von einem hörgeschädigten Kind grundsätzlich ein altersgemäßes Verhalten erwartet werden.

Erst wenn Sie das Kind gut kennen gelernt haben, sollte über gezielte Fördermaßnahmen entschieden werden, falls das Kind auf einem Integrationsplatz ist und Förderstunden zur Verfügung stehen.

Sie können dann zusammen mit den Eltern und betreuenden Fachleuten viel besser beurteilen, ob zusätzlich zur Frühförderung für hörgeschädigte Kinder noch eine Sprachtherapie eingeleitet werden soll, oder vielleicht Psychomotorik, Ergotherapie, Musiktherapie oder Montessoritherapie viel besser geeignet sind.

Sollten die Kinder der Gruppe speziell über das hörgeschädigte Kind informiert werden? Dies ist natürlich eine grundsätzliche Frage, die jedes Integrationskind betrifft. Es gibt hier verschiedene Möglichkeiten. Die meisten Erzieherinnen, die ich kennen gelernt habe, sind auf das Thema nur eingegangen, wenn von den anderen Kindern Fragen kamen. Andere haben das Thema „Hören" insgesamt im Stuhlkreis behandelt und z. B. darüber gesprochen, wie Tiere hören, was wir hören und was nicht, was es für Ohrschmuck gibt und auch, dass manche Menschen eine Brille benötigen und manche ein Hörgerät. Auf den Wert der Hörgeräte aufmerksam zu machen, und dass man diese deshalb achtsam behandeln muss, ist eine zweischneidige Sache. Es kann zu einem sinnvollen Umgang führen, z. B., dass kein Sand darauf geworfen wird, es kann aber auch zu Berührungsängsten mit dem hörgeschädigten Kind führen, was natürlich vermieden werden sollte. Ich rate daher, es nur in der konkreten Situation anzusprechen, wenn ein Kind sich so verhält, dass die Geräte Schaden nehmen könnten. Genauso kann über die Hörgeräte oder das CI gesprochen werden, wenn Kinder dazu Fragen stellen. Diese kleinen „Computer" zum Hören können dann auch einmal zum Ansehen im Stuhlkreis herumgegeben werden. Legen Sie die Geräte aber lieber in eine Schachtel, damit sie nicht beim Weitergeben runterfallen. Die anderen Kinder ein Hörgerät selbst anhören zu lassen, halte ich nicht für günstig, da ein Hörgerät für Normalhörende immer fremd klingt, sie sind ja auf die spezielle Schwerhörigkeit des Kindes eingestellt. Die Kinder bekämen so den Eindruck, dass Hörgeräte etwas Unangenehmes sind. Hilfreich ist es, wenn mit den Kindern besprochen wird, dass man sich grundsätzlich besser versteht, wenn man sich beim Sprechen auch ansieht. Betonen Sie dabei, dass dies für alle wichtig ist, besonders aber für die Gespräche mit dem hörgeschädigten Kind. Eine Möglichkeit ist auch, die Frühförderin des Kindes einmal im Stuhlkreis mit dabei sein zu lassen, damit sie Fragen beantworten oder über ihre Arbeit erzählen kann.

Eventuell orientiert sich das Kind anfangs stark an den Erwachsenen, da diese mehr Rücksicht auf seine Kommunikationsbedürfnisse nehmen als die Kinder. Achten Sie darauf, dass diese Orientierung sich langsam auch wieder verändert und sich das Kind dann zunehmend den anderen Kindern zuwendet.

6.2 Sollen Geschwister in die gleiche Gruppe aufgenommen werden?

Wie bei allen Anfängern im Kindergarten geben natürlich bekannte Kinder aus der Nachbarschaft oder dem Freundeskreis der Familie Halt und unterstützen die Eingewöhnung. Aber ist es auch auf jeden Fall günstig, ein hörgeschädigtes Kind mit seinen Geschwistern in eine Gruppe zu geben? Dies sollte natürlich eine Einzelfallentscheidung bleiben. Sie finden hier einige Punkte, die dafür und einige, die eher dagegen sprechen:

Positiv ist: Das Geschwisterkind ist sehr vertraut, und das hörgeschädigte Kind fühlt sich gleich zu Beginn sicherer. Bruder oder Schwester können bei der Verständigung helfen, wenn das Kind hochgradig hörgeschädigt ist und mit seiner Sprachentwicklung noch am Anfang steht. Dies bedeutet jedoch für die Geschwister, dass sie eine hohe Verantwortung übernehmen müssen. Oft fühlen sie sich insgesamt dafür verantwortlich, dass es dem hörgeschädigten Kind gut geht, besonders, wenn dieses jünger ist. Falls Geschwister in der gleichen

Abb. 11: Geschwister in einer Gruppe – willkommene Dolmetscher?

Gruppe sind, muss daher besonders darauf geachtet werden, dass diese auch wieder aus der Verantwortung herauskommen. Bei Zwillingen ist die Situation nochmals anders und muss gut mit den Eltern und der Frühförderin besprochen werden. Es gibt natürlich grundsätzlich die Möglichkeit, die Kinder zunächst zusammen zu beobachten und danach zu entscheiden.

Negativ ist: Im Alltag gilt oft seit Jahren schon die besondere Aufmerksamkeit dem hörgeschädigten Kind. Die Gefahr ist daher groß, dass dies in einer gemeinsamen Gruppe wieder passiert und das Geschwisterkind wieder in seinem Schatten steht. Außerdem übernehmen Geschwister häufig schon sehr früh eine hohe Verantwortung für das hörgeschädigte Kind. Der Kindergartenbeginn ist eine gute Möglichkeit, die Geschwister davon zu entlasten, indem man sie nicht in eine gemeinsame Gruppe gibt. Ist das Kind alleine in der Gruppe, muss es selbst die Kommunikation in die Hand nehmen, wird dabei selbstständiger und sich dadurch auch sprachlich weiterentwickeln. Damit verbunden ist auch die wichtige Erfahrung für die Eltern, dass ihr Kind im Gruppenalltag alleine klar kommt, ohne Unterstützung aus der Familie. Kinder identifizieren sich sehr stark mit ihrer Gruppe. So berichten sie immer zu Beginn der Kindergartenzeit auch mir in den Förderstunden begeistert von ihrer „Bärengruppe“ oder ihrer „Blauen Gruppe“. Ist der Bruder oder die Schwester in der Nachbargruppe, so bedeutet dies nicht nur, dass jeder seine Gruppe hat, sondern auch die eigenen Feste, die eigenen Muttertagsgeschenke, die eigenen Lieder und Gedichte. Damit ist auch die Gefahr des ständigen Vergleichens der Entwicklung weniger groß. Kommt ein Kind aus der Gruppe zu Besuch nach Hause, ist es klar, wen es besucht. So entsteht nicht so leicht eine Konkurrenz um Freundschaften.

Sie sehen: Es spricht mehr dafür, Geschwister in getrennte Gruppen zu geben; dennoch sollte dies bei jedem Kind neu überlegt werden, um die beste Entscheidung für dieses Kind treffen zu können.

7 Welche speziellen Aspekte in der Elternarbeit müssen beachtet werden?

Zu Beginn werden Sie sicher ein ausführliches Elterngespräch führen. Hier finden Sie eine Aufstellung von Punkten, die Ihnen wichtige Informationen zu dem hörgeschädigten Kind liefern.

Elternbefragung:

- Welche Hörschädigung hat das Kind und wie stark ist sie?
- Was hört das Kind, was hört es nicht?
- Wann wurde die Diagnose gestellt?
- Ist die Ursache der Hörschädigung bekannt?
- Wie ist die technische Versorgung?
- Wie sieht die korrekte Einstellung an den Hörhilfen aus? (Bitte aktualisieren Sie diesen Punkt, wenn sich im Laufe der Jahre etwas ändert).
- Wie selbstständig geht das Kind mit seinen technischen Geräten um? Sagt es, wenn die Batterien leer sind, kann es sie schon selbst wechseln?
- Wie ist das Richtungshören und das Verhalten im Straßenverkehr?
- Wächst es zweisprachig auf?
- Wie sieht derzeit die Alltagskommunikation aus?
- Verwendet es gezielt bestimmte Gesten oder auch Gebärden?
- Hat es Gleichgewichtsprobleme? Wie verhält es sich im Wasser, beim Klettern und Turnen?
- Gibt es sonst gesundheitliche Probleme?

- Wie selbstständig ist das Kind schon?
- Wie ist das Spielverhalten alleine und mit anderen – hat es schon Gruppenerfahrung?
- Wie verlief bisher die Integration im sozialen Umfeld?
- Hat es Lieblingsbeschäftigungen?
- Wie verlief die Förderung des Kindes bisher? Welche Art der Frühförderung hat das Kind, wer führt sie durch (Name, Adresse, Telefon)? Wie viele feste Termine hat das Kind (Frühförderung, CI-Rehawochen, Mutter-Kind-Turnen, ...)?
- Welche Wünsche und Erwartungen haben die Eltern an den Kindergarten?

Ähnlich wie bei der Eingewöhnung der Kinder, stellt sich ebenso bei den Eltern die Frage, ob die anderen Eltern speziell über das Integrationskind informiert werden sollten. Lassen Sie den Eltern des hörgeschädigten Kindes Zeit, sich einzuleben. So ergeben sich ungezwungen schon erste Kontakte mit anderen Eltern beim Bringen und Abholen. Am Elternabend ist es sicher eine gute Lösung, die Eltern selbst berichten zu lassen. So können diese selbst entscheiden, wie viel sie über die Hörschädigung ihres Kindes erzählen wollen und wie viel darüber, was es besonders gerne macht und gut kann, was ihm schwer fällt oder ob es z. B. Geschwister hat. Am besten ist es natürlich, wenn alle anwesenden Eltern kurz von ihrem Kind erzählen. Ist die Gruppe zu groß und würde dies zu viel Zeit in Anspruch nehmen, kann die Erzieherin kurz über alle Kinder der Gruppe berichten. Besonders auch, wenn die Eltern des Kindes hörgeschädigt sind, sollte darauf hingewiesen werden, dass Telefonieren evtl. problematisch ist und Verabredungen für Besuche am besten persönlich getroffen werden. Günstig ist es natürlich, den anderen Eltern die Angst vor der Technik zu nehmen, indem die technische Versorgung des Kindes kurz erklärt wird. Damit werden Berührungsängste und Hemmschwellen abgebaut, das Kind einmal alleine zum Spielen einzuladen.

Das Wichtigste für das Gelingen der Integration sind der kontinuierliche Kontakt zu den Eltern und regelmäßige Gespräche, in denen jeder in Ruhe berichten kann, wie er das Kind zur Zeit erlebt. Dabei ist es für die Eltern sehr wichtig, auch die ganz individuellen Fähigkeiten und Stärken des Kindes hervorzuheben. In Gesprächen gemeinsam mit der Frühförderin kann jeder aus seiner Sicht die Entwicklung des Kindes darstellen. Auch die Förderpläne oder Entwicklungsberichte sind dafür eine gute Gesprächsgrundlage und sollten immer mit den Eltern gemeinsam besprochen werden (s. auch Kapitel 10 „Formalitäten und Schreibarbeiten“). Nur die gegenseitige Offenheit und Transparenz der Arbeit und der Situation in der Familie schaffen eine vertrauensvolle Basis.

In vielen Kindergärten habe ich erlebt, dass ein Mitteilungsheft nützlich war. Hier haben die Eltern eingetragen, ob zu Hause etwas Besonderes vorgefallen ist und was für das Kind wichtig war; die Erzieherinnen haben Ereignisse aus dem Gruppengeschehen kurz notiert, z. B., was das Kind sehr lange und mit Begeisterung gespielt hat, mit wem es im Sandkasten Streit gab, oder dass im Garten ein Vogelnest entdeckt wurde. So konnten die jeweiligen Gesprächspartner zu Hause oder im Kindergarten besser verstehen, worüber das Kind berichtete, da der Zusammenhang und das Thema klar waren. Außerdem kann es ein Anknüpfungspunkt für ein Gespräch mit dem Kind sein. So kann die Erzieherin z. B. das Kind darauf ansprechen, dass seine Oma zur Zeit zu Besuch ist. Dies bezieht sich natürlich in erster Linie auf die ganz jungen Kinder, die sich sprachlich noch nicht so genau ausdrücken können und deren Aussprache noch nicht immer verständlich ist.

Wie schon im Kapitel 6 „Die erste Zeit“ beschrieben, sind zu Beginn Fotos der Gruppenkinder, der Erzieherinnen und des Kindergartens sinnvoll. Die Eltern können so den Kindern die Eingewöhnung erleichtern, indem sie anhand der Fotos mit dem Kind zu Hause über den Kindergarten sprechen. Gestatten Sie daher den Eltern, zu fotografieren und klären Sie dies auch mit den anderen Eltern kurz ab. Generell ist es für das Kind wertvoll, wenn Themen aus dem Kindergarten nochmals im ruhigen Dialog besprochen werden. Damit die Eltern informiert sind, ist ein Themenplan für die kommende Zeit hilfreich. In einem integrativen Kindergarten, der ein Kind mit CI in der Gruppe hatte, wurde der aktuelle Themenplan immer an einer Pinwand vor dem Gruppenraum aufgehängt (Abb. 12).

Vielleicht können Sie auch mal ein Bilderbuch zum aktuellen Thema mit nach Hause geben. Das Kind wird dadurch im Stuhlkreis deutlich besser Ihren Ausführungen folgen können. Dies gilt auch für Geschichten und Lieder. Ein Ordner mit den Geschichten, Versen und Liedern gibt den Eltern die Möglichkeit, Kopien anzufertigen

Willkommen lieber Herbst!

**„Der Herbst, das ist die schönste Zeit, er strickt der Welt ein buntes Kleid.
Die Blätter tuscht er farbig an, mit rot und braun, so gut er´s kann!"**

Herbstzeit - Zeit der Freude an allem was uns umgibt und geschenkt ist!
Die Kinder entdecken voll Staunen und Neugier Kastanien, Bucheckern, Eicheln, Nüsse und bunte Herbstblätter, freuen sich an Äpfeln, Birnen, Pflaumen und erzählen ganz aufgeregt von ihrer Begegnung mit einem kleinen Igel.
Herbst - das ist eine Jahreszeit, für Kinder wie geschaffen!
Gern stampfen sie durch das raschelnde Laub, helfen beim Apfelkuchen backen und lassen ihre Drachen im Herbstwind steigen. Jedoch bringt uns der Herbst mit den leuchtenden Farben der Blätter nicht nur schöne Sonnentage, sondern auch Regen-, Sturm- und Nebeltage. Dies sind für die Kinder neue, aufregende Eindrücke.
Die vielen Geschenke des Herbstes wollen wir zusammen mit den Kindern erarbeiten und durch eigenes Tun und begreifen für uns erlebbar machen.
Mit all unseren Sinnen möchten wir die Natur entdecken und uns genauer mit der Kartoffel und dem Igel beschäftigen.
Der Herbst schenkt uns außerdem viele fröhliche Feste, so wollen auch wir uns auf ein gemeinsames Sankt Martinsfest mit bunten, selbstgebastelten Laternen
vorbereiten

Abb. 12: Themenplan für die nächsten Wochen – so können die Eltern auch zu Hause auf die aktuellen Themen eingehen

und das Kind zu Hause damit vertraut zu machen. Wie auch hörende Kinder werden sich die hörgeschädigten Kinder zu Hause nicht für alle Geschichten, Lieder und Verse gleichermaßen interessieren. Die Eltern sollten – ohne aber dabei unter Druck zu geraten, alles detailliert durcharbeiten zu müssen – die Geschichten und Lieder auch zu Hause anbieten können. Auf dieser Basis werden sie einige Geschichten und Lieder schon gut verstehen b.z.w. mitsingen können und andere auch nicht – ähnlich wie die anderen Kinder. Haben Sie keine Bedenken, das Kind könnte im Stuhlkreis nicht mehr aufpassen, weil das Lied oder die Geschichte nicht neu sind. Das hörgeschädigte Kind wird besser aufpassen, weil es so leichter und besser versteht. Vor kurzem besuchte ich die integrative Gruppe eines Regelkindergartens. Sebastian, der ein CI trägt, seine Eltern und sein Bruder werden dort einmal im Monat mit allen anderen Familien für 90 Minuten zum „Eltern-Kind-Nachmittag“ in den Kindergarten eingeladen. Dort singt man dann gemeinsam die aktuellen Lieder, spricht Verse und spielt Kreisspiele. Anschließend werden die Kinder betreut und die Eltern können sich in einem anderen Raum in Ruhe unterhalten und Erfahrungen austauschen. Dieses Angebot wurde von Anfang an sehr gut angenommen und die Eltern sind immer darüber auf dem Laufenden, was in der Gruppe gerade aktuell gesungen, gespielt und besprochen wird. Ich habe jedoch auch schon erlebt, dass Kinder ihre Lebenswelt „Kindergarten“ gar nicht mit dem Leben zu Hause vermischen wollen und daher auch nicht gerne vom Kindergarten erzählen oder sich mit Liedern und Geschichten aus der Gruppe zu Hause beschäftigen möchten. Auch wenn der Kindergarten als geschützter Raum für das Kind respektiert werden sollte, ist es bei hörgeschädigte Kinder dennoch sinnvoll, ihnen immer wieder zu Hause die beschriebenen Angebote zu machen, ohne sie dem Kind aufzuzwingen.

Findet am nächsten Tag eine besondere Unternehmung statt, sollten die Eltern das Kind auch zu Hause noch einmal darauf einstimmen. Hörgeschädigte Kinder orientieren sich gerne an bekannten Abläufen und es ist gut, wenn das Kind weiß, dass am kommenden Tag der Ablauf anders sein wird, weil z.B. ein Besuch in der Grundschule gemacht wird.

Die Integration im Kindergarten ist ein wichtiger und wertvoller Teil im Leben des hörgeschädigten Kindes. Sie gelingt umso besser, je intensiver die Eltern die soziale Integration in der Familie und dem sozialen Umfeld unterstützen. Es bleibt weiterhin in der Verantwortung der Eltern, dem Kind Kontakte zu anderen hörgeschädigten Kindern zu ermöglichen. Auch wenn die Integration des Kindes sehr erfolgreich verläuft, ist es wichtig, ihm zu zeigen, dass andere Kinder auch Hörgeräte oder ein CI tragen. Gehören für das Kind diese Begegnungen mit anderen hörgeschädigten Kindern ganz selbstverständlich dazu, kann es später selbst entscheiden, ob es diese aufrecht erhalten möchte. Bei den Kindern, die ein CI tragen, ergeben sich diese Kontakte meist gut und zwanglos, wenn sie in ihrer Rehabilitations-Einrichtung regelmäßig die gleichen Kinder wiedertreffen. Bei Kindern mit Hörgeräten sind Kontakte über die Frühförderstelle oder über Elternvereine möglich. Fragen Sie doch im Elterngespräch einmal nach, ob solche Kontakte bestehen. Ich habe es schon häufig erlebt, dass Eltern, besonders in den ersten Jahren, nicht zu Treffen von Elternvereinen gehen wollten. Kontakte zu einer anderen Familie, die in einer ähnlichen Situation ist, wie z. B. gleiches Alter der Kinder und allein erziehend, wurden aber gerne aufgenommen. Diese Kontakte können am besten über die Frühförderin vermittelt werden, die viele andere Familien mit hörgeschädigten Kindern kennt.

Zum Schluss noch ein wichtiger, grundsätzlicher Punkt: „Wir haben in der Praxis nie erlebt, dass das Eingeständnis eigener Unsicherheit und Angst von Eltern als Inkompetenz ausgelegt wurde, wenn wir deutlich machen konnten, dass wir unsere Unsicherheit selbst als Aufforderung sehen, zu lernen, uns kompetent zu machen„ (Fritzsche/Schastock 2002, 50).

8 Wie verstehen wir uns am besten?

Lernen Sie das Kind zunächst einmal kennen. Oft macht man sich ganz falsche Vorstellungen davon, wie die Kommunikation mit einem hörgeschädigten Kind abläuft. Neben dem persönlichen Kennenlernen ist das Elterngespräch von großer Bedeutung. Lassen Sie sich schildern, wie die Kommunikation im Alltag abläuft, welche Fortschritte das Kind in letzter Zeit gemacht hat, und was vielleicht auch noch schwierig ist.

Da sich jedes Kind anders entwickelt und die Kommunikation natürlich vom Alter des Kindes und dem Grad der Hörstörung abhängt, treffen nicht alle Hinweise in diesem Kapitel sicher auf jedes Kind zu. Wählen Sie selbst aus, was für Ihre spezielle Situation hilfreich ist.

8.1 Im Dialog

- Nehmen Sie mit dem Kind über Blickkontakt und/oder Ansprache (z.B. mit dem Namen) Kontakt auf, wenn Sie mit ihm sprechen wollen. Das Kind weiß so, dass es gemeint ist, und kann Ihnen konzentriert zuhören. Wenn Sie das Kind plötzlich berühren, um es auf sich aufmerksam zu machen, kann sich das Kind dabei sehr erschrecken. Außerdem soll es lernen, andere Kinder anzusprechen, wenn es etwas von ihnen will, und nicht einfach auf deren Arm oder die Schulter klopfen.
- Sprechen Sie weitgehend normal. Sprechen Sie nicht lauter (die Verstärkung übernehmen die Hörgeräte) aber auch nicht zu leise.
- Sprechen Sie lebendig mit deutlicher Betonung und Melodieführung. Daraus, WIE man etwas sagt, können auch hörgeschädigte Kinder viel Inhalt entnehmen. Eine lebendige Mimik und Gestik helfen natürlich ebenso.
- Sprechen Sie ruhig Ihren Dialekt, wenn dies der Dialekt der Region ist. Nur ein fremder Dialekt, der in der Gruppe sonst nicht gesprochen wird, wäre sehr irritierend für das Kind.
- Sprechen Sie deutlich, jedoch nicht mit übertriebenen Mundbewe-

gungen. Dies macht das Absehen der Sprache vom Gesicht schwieriger, weil die Bewegungen dadurch verzerrt werden. Außerdem leidet die natürliche Sprachmelodie darunter.

- Sprechen Sie nicht zu schnell und wiederholen Sie die wichtigsten Inhaltspunkte, so wie Sie es natürlicherweise mit jüngeren Kindern machen, wie z. B. „Schau mal, der Martin möchte auch mitbauen. Darf er den Turm mitbauen?“
- Da hörgeschädigte Menschen oft aus einzelnen Teilen, die sie verstanden haben, den Sinn einer Aussage kombinieren müssen, ist es schwierig, wenn man nur einzelne Stichwörter anbietet. So ist es schwerer zu verstehen, wenn Sie sagen: „Paul komm bitte mit“, als wenn Sie sagen: „Paul, komm bitte mit, wir gehen nach draußen in den Garten. Ihr wolltet doch noch die Schneeburg fertig bauen.“ Beim zweiten Beispiel kann Paul aus mehreren Wörtern entnehmen, was gleich passieren wird. Falls er das Wort „draußen“ nicht gehört oder verstanden hat, kann er aus den Wörtern „Garten“ und „Schneeburg“ trotzdem noch den Inhalt kombinieren.
- Wenn das Kind weiß, über welches Thema gesprochen wird, kann es ebenfalls dem Inhalt viel leichter folgen. Das geht Ihnen sicher auch so, wenn sie in einer Fremdsprache kommunizieren. So lange man weiß, worum es gerade geht, versteht man viel besser, als wenn das Thema plötzlich wechselt oder unbekannt ist. Das geht hörgeschädigten Menschen genauso. Wenn Ihnen das Kind z. B. gerade stolz seine neue Frühstücksdose vorführt und Sie nach gebührender Anteilnahme fragen wollen, ob die Oma noch zu Besuch ist, ist es günstig, dieses neue Thema einzuleiten: „Du Thomas, Deine Mama hat erzählt, dass Deine Oma zu Besuch ist. Ist sie noch da? Schläft die Oma noch bei Euch?“
- Sprechen Sie nicht im Laufen oder vom Kind abgewandt mit ihm.
- Der Blickkontakt ist besonders wichtig, wenn Kinder wegen Erkältungen zeitweise schlechter hören als sonst. Dies betrifft sowohl die sonst normal hörenden Kinder als auch die Kinder mit Hörgeräten. Kinder mit CI hören bei Erkältungen nicht schlechter, da sie nicht über das Mittelohr hören, es kann jedoch sein, dass sie trotzdem schlechter reagieren, da sie sich insgesamt einfach durch die Erkältung oder die Mittelohrprobleme nicht wohl fühlen und sich nicht so gut konzentrieren können.

Je besser die Eltern darüber Bescheid wissen, was im Kindergarten gerade für das Kind wichtig ist, und die Erzieherinnen wissen, welche Themen zu Hause für das Kind bedeutsam sind, desto besser wird auch die Verständigung klappen, wenn das Kind über Erlebnisse erzählt, die zu Hause oder im Kindergarten geschehen sind. Dazu habe ich schon das Mitteilungsheft angesprochen, in das die Eltern und Erzieherinnen kurze Notizen machen. Auch die Themenpläne (s. Abb. 12) und regelmäßigen Elterngespräche tragen dazu bei. Fühlt das Kind sich verstanden, stärkt das sein Selbstbewusstsein und erhöht natürlich seine Sprech- und Mitteilungsfreude.

Dialoge beim gemeinsamen Spiel, über den letzten Ausflug, das letzte Stuhlkreisthema oder einfach über die neuen Hausschuhe des Kindes sind natürlich besonders wertvoll, wenn sie in ruhigerer Umgebung, z. B. im Rahmen einer Kleingruppe in einem Nebenraum stattfinden.

Falls das Kind am Telefon nicht gut verstehen kann, machen Sie bitte die anderen Kinder darauf aufmerksam, dass Verabredungen persönlich getroffen werden sollten.

8.2 Im Garten, beim Ausflug, im Freispiel und beim Rollenspiel

- Wenn Sie draußen sind, gehen Sie zu dem Kind hin, wenn Sie ihm etwas mitteilen möchten. Rufen Sie aus größerer Entfernung, können Sie nicht sicher sein, dass das Kind Sie hört und sich angesprochen fühlt. Können Sie gerade Ihren Platz nicht verlassen, bitten Sie ein anderes Kind, das hörgeschädigte Kind zu holen. Müssen Sie doch mal aus weiterer Entfernung das Kind ansprechen, achten Sie unbedingt auf Blickkontakt, weil das Kind vielleicht Probleme hat, die Richtung, aus der gesprochen wird, zu finden.
- Beachten Sie auch im Straßenverkehr, dass viele hörgeschädigte Kinder gar kein oder ein schlechtes Richtungshören haben.
- Machen Sie die Gruppe beim Schwimmen darauf aufmerksam, dass das hörgeschädigte Kind im Wasser ohne seine Hörhilfen nichts hören kann und man daher unbedingt Blickkontakt aufnehmen muss, wenn man ihm etwas mitteilen möchte.
- Wie schon erwähnt wurde, geben gewohnte Abläufe und Rituale dem Kind Halt. Es weiß, was als nächstes folgen wird. Dies kann im Freispiel aber auch zu Problemen führen. So ist es manchmal für die anderen Kinder schwierig, wenn das schwerhörige Kind hartnäckig auf einem bestimmten Spielablauf besteht und neue Vorschläge anderer nicht gelten lässt. Das kann damit zusammenhängen, dass das Kind ein Spiel in einer bestimmten Form kennen gelernt hat und nicht mehr davon abweichen will. Das können aber auch Regeln im Rollenspiel sein, die das schwerhörige Kind be-

stimmen will. In der Rolle des „Häuptlings“ oder eines anderen „Bestimmers“ weiß das Kind, was abläuft, weil es die Regeln selbst vorgibt. Es muss so keine Angst vor Missverständnissen haben, weil es die Anweisungen eines anderen Kindes nicht richtig oder vollständig verstanden hat. Wenn sich ein Kind so verhält, entsteht leicht der Eindruck, es wäre sehr dominant und lasse die Meinung anderer nicht gelten. Dahinter kann aber die Angst stehen, sich zu blamieren, wenn es etwas sprachlich nicht versteht.

Das Gegenteil der „Häuptlingsrollen“ sind die sprachlosen Rollen, wie „Tiger“, „Hund“, „Katze“ oder „Baby“. In diesen Rollen erwartet keiner, dass man selbst spricht. Falls man selbst etwas falsch versteht, fällt dies in diesen Rollen nicht so auf, weil Tiere ja eh nicht immer machen, was die Menschen wollen.

Betrachten sie diese oder ähnliche Situationen daher auch aus der Perspektive des hörgeschädigten Kindes. Sie werden so ein anderes Verständnis dafür bekommen. Auch diese Beobachtungen zeigen, wie wichtig es für hörgeschädigte Kinder ist, ihr Selbstbewusstsein zu stärken, z. B. über die Förderung ihrer individuellen Stärken.

- Im Rollenspiel hat die Sprache einen wesentlich höheren Stellenwert als beim Basteln, Bauen oder bei Regelspielen. Hier werden Informationen oft schnell ausgetauscht. Eine Gruppe von Kindern hat z. B. beschlossen, im Garten „Bauarbeiter“ zu spielen. Sie graben zusammen und bauen „Straßensperren“ auf. Plötzlich laufen alle Kinder zum Geräteschuppen, nur das schwerhörige Kind gräbt weiter, bemerkt plötzlich, dass die anderen wegrennen, blickt etwas irritiert und rennt hinterher. Was ist passiert? Ein Kind sagte nebenbei „Kommt, wir holen noch mehr Schaufeln“ und schon rannten alle los. Das schwerhörige Kind hatte diese Bemerkung nicht gehört, rennt aber hinterher, weil es annimmt, dies gehöre zu dem Spiel dazu und es auch nichts verpassen will. Beobachten Sie solche oder ähnliche Situationen, machen Sie die Kinder darauf aufmerksam, wie wichtig es ist, das schwerhörige Kind kurz direkt anzusprechen, damit es auch Bescheid weiß.

8.3 Im Stuhlkreis

- Verwenden Sie die FM-Anlage (s. auch Kapitel 4 „Was muss ich zur Technik wissen?“). Lehnt das Kind die Anlage ab, oder haben Sie das Gefühl, es höre damit schlechter oder schaltet schneller innerlich ab, besprechen Sie das mit den Eltern und der Frühförderin. Es muss eindeutig geklärt werden, ob die Anlage technisch in Ordnung ist. Dies können der Hörgeräteakustiker oder die Techniker in dem CI-Centrum überprüfen.

- Der ideale Sitzplatz im Stuhl- oder Kissenkreis ist der Platz, welcher der Hauptsprecherin gegenüber liegt. So kann das Kind auch deren Mimik und Gestik gut sehen und Gegenstände oder Bilder, die gezeigt werden, gut erkennen. Ihr Gesicht ist am besten zu sehen, wenn Sie nicht mit dem Rücken zum Fenster sitzen, weil es sonst im Schatten ist. Benötigt das Kind zu Beginn noch die körperliche Nähe zur Erzieherin, um sich sicher zu fühlen, und wählt daher immer den Platz neben ihr, sollte unbedingt auch die FM-Anlage getragen werden, da der Blickkontakt dann weniger gegeben ist.
- Ist das Kind anfangs im Stuhlkreis noch sprechscheu, helfen Fragen, die mit „ja" oder „nein" beantwortet werden können. Wenn das Kind auf eine Frage nicht antwortet, wiederholen Sie die Frage in etwas abgewandelter Form, wie z. B.: „Warst Du auch schon mal im Tierpark?" – Kind antwortet nicht: „Thomas, warst Du auch schon mal im Zoo, wo die Elefanten und die Löwen sind?" Haben Sie Geduld und warten etwas ab.
- Viele hörgeschädigte Kinder haben zu Hause ein so genanntes „Tagebuch". Dies ist eine Mappe, in der durch Fotos, Zeichnungen und andere Illustrationen Dinge, Personen und Erlebnisse festgehalten werden, die für das Kind wichtig sind. Es ist eine Art persönliches Bilder- oder Erlebnisbuch, das die Eltern gemeinsam mit dem Kind herstellen und immer wieder ergänzen. Für Kinder, die im Stuhlkreis noch wenig erzählen können oder möchten, wäre es auch einmal eine Möglichkeit, das Tagebuch mitzubringen und der Gruppe damit etwas zu berichten – mit Worten oder ohne.
- Beim Gruppengespräch ist es hilfreich, wenn Sie den Namen des Kindes nennen, das sich gemeldet hat und gleich sprechen wird, und nicht nur Blickkontakt aufnehmen und durch ein Kopfnicken oder ein „Ja" das Kind zum Sprechen auffordern. Hört das hörgeschädigte Kind Ihre Aufforderung „Ja, Lisa!", kann es sich zu dem Kind hin orientieren und ihm konzentriert zuhören. Fängt ein Kind einfach an zu reden, muss das hörgeschädigte Kind erst suchen, wer jetzt spricht, und bis es den Sprecher entdeckt hat, hat der seinen Beitrag oft schon beendet. Das heißt, Gesprächsdisziplin ist eine große Hilfe für das Sprachverständnis. Dazu gehört auch, dass nur immer einer sprechen sollte. In vielen Gruppen habe ich schon beobachtet, dass Erzählkreise durch ein Ritual unterstützt werden: Das Kind, das gerade erzählt, hat eine „Erzählmuschel" oder einen „Erzählstein" in der Hand und gibt den Gegenstand weiter, wenn es fertig ist. So ist immer klar, wann wer gerade dran ist.

Bei Gruppengesprächen kann es passieren, dass hörgeschädigte Kinder häufiger als normal hörende Kinder plötzlich mit einem anderen Thema anfangen. Erzählt z. B. gerade ein Kind über eine Dinosauriergeschichte und erwähnt dabei, dass der Dinosaurier-Papa vier Meter hoch war, schnappt das hörgeschädigte Kind vielleicht das Wort „Papa" auf und kommentiert, dass es gestern mit seinem Papa das Fahrrad repariert hat. Dies liegt daran, dass nicht immer die ganze Aussage erfasst wird, weil das Kind entweder gerade nicht so genau zugehört hat, auf der Straße gerade ein lauter Laster vorbei fuhr oder auch, weil es einzelne Wörter inhaltlich noch nicht kennt. So orientiert es sich an dem, was es verstanden hat und nimmt dazu Bezug.

- Wiederholen Sie Beiträge von anderen Kinder, besonders, wenn diese sehr leise gesprochen haben.
- Geben Sie dem Kind genügend Zeit zum Erzählen, ähnlich wie Sie es bei sehr jungen Kindern machen.
- Verwenden Sie viel Anschauungsmaterial beim Erzählen (Bilder, Puppen, Figuren, Naturmaterialien ...).
- Haben Sie Kinder in der Gruppe, die sich im Stuhlkreis noch kaum zu sprechen trauen, können Sie von den beliebtesten Liedern und Kreisspielen kleine Symbolkarten anfertigen: Für das Lied vom Herbstwind ein Blatt malen, für das Eisenbahnlied eine Lokomotive ... So können auch diese Kinder sich mal eine Stuhlkreisaktivität wünschen, in dem sie aus dem Kästchen mit den Symbolkärtchen eines auswählen dürfen. Dies hat sich z. B. auch mit normal hörenden, fremdsprachigen Kindern gut bewährt.
- Kündigen Sie Themenwechsel an. Je enger das Thema ist, desto kleiner ist der Wahrscheinlichkeitsbereich, welche Wörter verwendet werden. Das Kind kann so optimal verstehen und auch kombinieren, falls mal einzelne Wörter nicht verstanden werden. Wenn Sie also z. B. über die Natur im Herbst sprechen und von den bunten Blättern zum Igel übergehen wollen, könnte das so aussehen: „Jetzt haben wir gesehen, wie viele bunte Farben die Blätter haben, die Ihr mitgebracht habt. Und jetzt erzähl ich euch etwas über ein Tier, das sich gerne unter den Blättern versteckt, etwas über den Igel." Sprechen Sie also Überschriften aus, die zu dem jeweiligen Themenblock passen. Dieses Ankündigen von Themen und Themenwechseln ist eine der größten Hilfen, die Sie hörgeschädigten Menschen geben können, auch im Dialog! Auch beim Geschichtenerzählen sind die so genannten „Zuhöraspekte" hilfreich. Damit geben Sie einen Hinweis darauf, was in der Geschichte zu erwarten ist: „Ich erzähle Euch heute eine Geschichte von zwei Tieren, dem Hasen und dem Igel".

- Fragen Sie nicht im Stuhlkreis nach, ob das hörgeschädigte Kind verstanden hat. Es könnte dies als Bloßstellung empfinden und einfach mit „ja“ antworten, auch wenn dies nicht zutrifft. Außerdem überschreitet es oft die Geduld der anderen und sie werden unruhig, wenn in der großen Gruppe Details mehrfach erklärt werden.
- Ein Ordner, in dem die Lieder, Verse und Singspiele zusammengefasst sind, die im Stuhlkreis verwendet werden, ist für die Kinder ein ganz beliebtes Buch. Stecken Sie die Fotokopien in Klarsichthüllen, dann kann der Ordner von den Kindern wie ein Bilderbuch benutzt werden. Außerdem können die Eltern des hörgeschädigten Kindes sich die Blätter fotokopieren und so die Sachen auch zu Hause mit dem Kind wiederholen (s. auch Kapitel 7 „Welche speziellen Aspekte in der Elternarbeit müssen beachtet werden?“). Für die Lieder wäre es natürlich optimal, wenn Sie diese auf Kassette aufnehmen. So kann man sie zu Hause viel leichter nachsingen. Dies habe ich bisher nur in einem Kindergarten erlebt. Der Erfolg war jedoch durchschlagend: Thomas, ein gehörloses Kind mit CI, konnte alle Lieder im Stuhlkreis mitsingen, und die Erzieherin versicherte mir, dass der Aufwand, die Lieder aufzunehmen, nur sehr gering war.
- Geben Sie den Eltern Geschichten möglichst vorher mit nach Hause. Haben Sie keine Bedenken, das Kind könnte sich dann im Stuhlkreis langweilen, wenn es den Inhalt schon kennt. Hochgradig hörgeschädigte Kinder bekommen so erst richtig Interesse und Freude an der Geschichte, weil sie den Inhalt schon grob kennen, und so überhaupt eine Chance haben, der Geschichte beim Vorlesen in der Gruppe folgen zu können.
- In einer integrativen Gruppe habe ich erlebt, dass immer wieder Stuhlkreise mit der halben Gruppe durchgeführt wurden. Die Vorteile liegen auf der Hand: Der räumliche Abstand zwischen den Kindern und der Erzieherin ist kleiner, die Erzählrunden dauern nicht so lange und es ist einfacher Gesprächsdisziplin zu halten, sodass weniger Störlärm herrscht. Prüfen Sie doch mal, ob dies bei Ihnen organisatorisch machbar wäre.

8.4 Was tun, wenn es schwierig wird mit der Verständigung?

Ein Kind sagt etwas zu Ihnen, was Sie nicht oder nicht genau verstehen:

- Wiederholen Sie das, was Sie verstanden haben oder glauben verstanden zu haben. Wenn das Kind z. B. im Sandkasten sagt: „dote aufe haben!“ können Sie z. B. nachfragen: „Möchtest Du die Schaufel haben?“ Das Kind könnte erwidern: „DOTE aufe!“ und sie kombinieren dann: „Ach die rote Schaufel brauchst du. Mal sehen, ob die Anna sie Dir geben kann.“ Falls Sie nur das Wort „haben“ verstanden haben, können Sie auch nachfragen: „Was möchtest Du haben?“ Diese Situation ist ja relativ häufig, dass ein Kind etwas bestimmtes haben möchte.
- Können Sie auch durch Nachfragen nicht verstehen, was das Kind meint, bitten Sie es: „Kannst Du das auch anders sagen?“ Falls dies nicht möglich ist, fragen Sie einfach: „Kannst Du es mir zeigen?“
- Manchmal sind Kinder sehr erzählfreudig, auch wenn ihre Aussprache teilweise noch schwer verständlich ist. So sprudeln sie los und man hat von der ganzen Geschichte nur einzelne Wörter verstanden. Haben Sie z. B. nur das Wort „Auto“ verstanden, könnten Sie nachfragen: „Was war mit dem Auto?“. So kann man sich durch gezielte Fragen dann zum Inhalt vortasten. Sie sollten damit aber bis zum Ende der Geschichte warten und nicht den Erzählfluss des Kindes unterbrechen. Geben Sie sich generell selbst Zeit, sich in die Aussprache des Kindes einzuhören, falls es noch undeutlich spricht. Oft gelingt dies doch nach ein paar Wochen schon recht gut. Ältere Kinder kann man zusätzlich bitten, ob sie das Erlebnis malen möchten, von dem sie gerade berichtet haben.
- Fragen Sie die Eltern nach typischen Wörtern, die noch schwer zu verstehen, aber wichtig sind, wie z. B. Namen von Familienmitgliedern, Haustieren oder Kuscheltieren. Davon berichten Kinder häufig.
- Wenn Sie trotz Nachfragen gar nicht verstehen, was das Kind will, geben Sie zu, dass Sie es nicht verstanden haben. Auch junge Kinder haben schon gute „Antennen“ dafür, ob man wirklich verstanden hat oder dies nur vortäuscht.

Ein Kind reagiert nicht auf Ansprache oder versteht nicht, was Sie zu ihm sagen. Hier einige mögliche Ursachen und Empfehlungen, wie Sie damit umgehen können:

- Die Batterien sind leer. Das Hörgerät oder CI ist nicht eingeschaltet oder steht auf „T" für Telefonfunktion (s. a. Kapitel 4 „Was muss ich zur Technik wissen?")
- Der Störlärm ist relativ groß. Das Kind hat nicht gehört, dass es gemeint ist. Gehen Sie nahe zu ihm, sprechen Sie es mit Namen an, nehmen Sie Blickkontakt auf und wiederholen Sie die Äußerung.
- Das Kind hört gerade nicht zu, weil es in Gedanken oder in eine Handlung vertieft ist. Verhalten Sie sich wie im letzten Punkt. Hörgeschädigte Kinder schalten öfters „auf Durchzug" als normal hörende. Dies ist wichtig für sie, weil Hören Konzentration bedeutet und das Kind sich nicht ständig gleich gut konzentrieren kann. Wenn das Kind in eine Handlung vertieft ist, ist das Weghören etwas Positives. Das Kind hat gelernt, Umgebungsgeräusche auszublenden, um sich ganz auf sein Tun konzentrieren zu können. Auch ein Kind, das müde oder erkältet ist, wird weniger höraufmerksam sein. Sie kennen das alles sicher auch von normal hörenden Kindern. Bei hörgeschädigten Kindern sind die beschriebenen Reaktionen einfach stärker.
- Sie haben die ganze Gruppe angesprochen und das Kind hat dies nicht gehört oder fühlte sich nicht angesprochen. Sprechen Sie das Kind noch einmal direkt an. Schwierig kann es auch bei Mehrfachaufträgen werden, die an die Gruppe gerichtet sind: „So, jetzt holen sich alle Kinder ein Tuch und stellen sich dann in einer Reihe am Fenster auf". Bei diesem Beispiel aus der Rhythmikstunde kann es sein, dass das hörgeschädigte Kind sich ein Tuch holt, bei dem Rest der Aufgabe sich aber daran orientiert, was die Gruppe macht.
- Das Kind hat den Inhalt nicht verstanden. Wiederholen Sie zunächst die Äußerung; ist dies erfolglos, dann wiederholen Sie die Äußerung in einer anderen Form, aber mit gleichem Inhalt, z. B.: „Ist das o.k., wenn der Patrick mitbaut?", und anschließend: „Darf der Patrick die Burg auch mit aufbauen?". Wenn das Kind ein Wort inhaltlich nicht versteht, ist es wichtig, den Inhalt mit anderen Worten auszudrücken und nicht einfach nur zu wiederholen.
- Das Kind hat eine andere Erwartung von dem, was als nächstes passieren wird, und reagiert daher wütend oder sehr irritiert. Wie schon erwähnt, orientieren sich hörgeschädigte Kinder gerne an bekannten Abläufen und Ritualen. Sie geben ihnen Halt, da klar vorhersehbar ist, was als nächstes passiert. Verlaufen gewohnte Strukturen einmal anders, kann das Kind heftig darauf reagieren, wenn es nicht darauf vorbereitet ist. Gehen Sie daher sicher, dass das hörgeschädigte Kind verstanden hat, dass z. B. die Gruppe heute zur gewohnten Gartenzeit nicht in den Garten geht, sondern in den Park Kas-

tanien sammeln, am nächsten Tag eine Frau kommt, die mit den Kindern Zähne putzen übt, oder dass die Kinder am nächsten Tag sich morgens nicht an der Garderobe ausziehen müssen, weil die Gruppe einen Ausflug zum Bäcker macht. Informieren Sie die Eltern über solche veränderten Abläufe, damit auch sie ihr Kind darauf vorbereiten können.
- Hat ein Kind etwas nicht verstanden, können die Reaktionen, wie bei allen Kindern, sehr unterschiedlich ausfallen. Es kann gar nicht reagieren, den anderen fragend ansehen, nachfragen oder rumkaspern, weil es weiß, es wird eine Reaktion erwartet. Es kann auch wütend werden, wie im vorherigen Punkt beschrieben.
- Lieder oder Verse auswendig lernen ist für diese Kinder oft schwieriger, weil sie entweder kein so gutes Hörgedächtnis haben oder weil sie einige Wörter im Text nicht kennen. Unbekannte Wörter kann man sich natürlich wesentlich schlechter merken als bekannte, die man mit einem Inhalt verbindet.

Es kann also unterschiedliche Ursachen haben, wenn es mal nicht so klappt mit der Verständigung. Sind Sie vorsichtig mit der Einschätzung „das Kind will gerade nicht hören", auch wenn dies natürlich auch mal der Fall sein kann, wie bei jedem Menschen.

Und noch etwas Grundsätzliches: Hinterfragen Sie Probleme im Verhalten oder der Entwicklung des Kindes nicht nur vor dem Hintergrund der Hörschädigung. Wenn es z.B. um Wutanfälle oder Trotzverhalten geht, berichten mir Eltern oft, dass die älteren normal hörenden Geschwister in diesem Alter genau so waren. Wie schon an anderer Stelle von Morag Clark zitiert wurde: Das hörgeschädigte Kind ist in erster Linie ein Kind und erst in zweiter Linie ein Kind mit einem eingeschränkten Hörvermögen.

9 Wodurch kann ich das Kind in der Gruppe fördern und wird spezielles Material benötigt?

Auch für das hörgeschädigte Kind steht im Kindergarten das soziale Lernen in der Gruppe an erster Stelle. Es ist nicht Ihre Aufgabe, mit dem Kind Sprachtherapie durchzuführen. Das Kind wird aber enorm profitieren, wenn die Kommunikation im Gruppenalltag gut gelingt. Dies ist die beste Förderung, die Sie ihm geben können. Beachten Sie dazu bitte das Kapitel 8 „Wie verstehen wir uns am besten?“ Besonders für ein hörgeschädigtes Kind ist es wichtig, dass Sie es auch in seinen Stärken und Begabungen unterstützen. So kann es ein gesundes Selbstbewusstsein aufbauen, das ihm hilft, auch in schwierigen Kommunikationssituationen sich selbstbewusst zu verhalten, nachzufragen oder auch Missverständnisse besser zu verkraften. Hierzu bietet die Montessoripädagogik wertvolle Anregungen, wie die freie Wahl des Materials und die freie Wahl der Wiederholung. Kinder können dabei ihr aktuelles Interesse intensiv ausleben und selbst bestimmen, wann sie damit fertig sind. Diese ungestörte Auseinandersetzung mit einem Thema führt beim Kind neben dem Erwerb von Fähigkeiten, Fertigkeiten und Wissen zu einer tiefen Zufriedenheit. Dies kann z. B. in der Beschäftigung mit einer Bastelarbeit, mit Buchstaben, einem Bilderbuch oder mit einem bestimmten Rollenspiel geschehen. Regen Sie das Kind generell, ebenso wie alle anderen Kinder in der Gruppe, zu Eigeninitiative und zu eigenem Problemlösungsverhalten an.

Wollen Sie darüber hinaus das Kind in seiner Entwicklung fördern, ist das Beste die zeitweise Beschäftigung in einer Kleingruppe. Häufig kann neben dem Gruppenraum ja noch ein anderer Raum genutzt werden. Eine Kleingruppe in einem anderen Raum bietet deutlich bessere Hör- und damit auch Kommunikationsbedingungen. Es herrscht weniger Störlärm und das Kind erlebt so viel intensiver und auch entspannter die verschiedenen Stimmen der anderen Kinder, deren Sprechweise und Art der Kommunikation. Das eine Kind spricht Dialekt, das andere eher leise und schüchtern, das dritte schnell und noch etwas undeutlich, ein Kind hat schon einen großen Wortschatz, ein anderes spricht noch besser türkisch als deutsch, es gibt Kinder mit hoher Stimme, Kinder, die gerade heiser sind, und vieles mehr. All diese Variationen der sprachlichen Kommunikation zu erleben, ist die beste Hörerziehung und Förderung für das Kind. Egal, ob Sie nun in dieser Kleingruppe gemeinsam ein Buch ansehen oder ob die Kinder alleine ein Rollenspiel spielen: Diese Situation ist für das Kind auf jeden Fall wertvoll. Auch wenn Sie sich im großen Gruppenraum zu dem Kind setzen und mit ihm über das sprechen, was es gerade macht, oder über ein Thema, das gerade für das Kind wichtig ist, bedeutet dies eine intensive Fördersituation, auch wenn es gar nicht nach besonderer Förderung oder Therapie aussieht. Neben dem Gespräch mit dem Kind, allein oder in der Gruppe, ist die rhythmisch-musikalische Erziehung für hörgeschädigte Kinder ein wichtiges und wertvolles Angebot.

Sie müssen keinerlei spezielles Material kaufen, wenn ein hörgeschädigtes Kind in Ihrer Gruppe ist. Beachten Sie dazu aber bitte die Erläuterungen im Kapitel 5 „Welche Sicherheitsregeln müssen beachtet werden?“. Dies betrifft besonders die CI-Kinder mit dem Problem der elektrostatischen Aufladung.

Generell ist es natürlich von Vorteil, viel Anschauungsmaterial zu verwenden, das heißt die Inhalte, die Sie vermitteln wollen, mit allen Sinnen erlebbar zu machen. Spricht das Kind noch sehr wenig oder noch schlecht verständlich, können Sie, wie schon erwähnt wurde, für die aktuellen Lieder und Stuhlkreisspiele kleine Symbolkärtchen anfertigen. Das kann ganz einfach und mit wenig Zeitaufwand geschehen, wie z. B. ein gemalter Bus als Symbol für das bekannte Buslied mit den vielen Strophen oder ein Bild von einem Stuhl für das Spiel „mein rechter, rechter Platz ist leer“. So kann auch das Kind, das seinen Wunsch noch nicht sprachlich ausdrücken kann, einmal die nächste Aktivität auswählen, indem es eines der Kärtchen nimmt und zeigt. Der bereits an anderer Stelle schon angesprochene Ordner mit den Liedern, Versen und Stuhlkreisspielen ist für die Kinder ein Buch, das sie immer wieder gerne ansehen und ihnen bei der Auswahl helfen kann. Auf den Fotokopien sind ja häufig auch kleine Illustrationen dabei, wodurch die Kinder ihre Lieder oder Spiele wiedererkennen können.

Bei Ausflügen wäre es schön, wenn Sie ein paar Fotos machen könnten. Wenn Sie keinen Fotoapparat im Kindergarten haben, fragen Sie doch einfach die Eltern. So kann das Kind anhand der Fotos zu Hause detaillierter berichten und die Eltern können das Thema des Ausfluges zu Hause noch einmal aufgreifen.

Beginnt ein Kind sich für Schriftsprache zu interessieren, wäre es gut, wenn Sie darauf eingehen. Vielleicht versucht es seinen Namen zu schreiben oder zeigt begeistert auf ein „A“, das es auf einem Buch oder einer Packung entdeckt hat, weil es z. B. der Anfangsbuchstabe von „Anna“, seinem Namen, ist. Spiele und Material zum ersten Umgang mit Buchstaben und Ziffern sind für das hörgeschädigte Kind sehr wünschenswert: Schriftsprache ist für hörgeschädigte Menschen ein sehr wichtiges Medium. Störfaktoren wie Umgebungslärm, ein nuschelnder oder zu schnell sprechender Gesprächspartner spielen hier keine Rolle. Außerdem kann ein Kind z. B. bei dem Wort „Eis“ das „s“ sehen, das es aufgrund seiner Hochtonschwerhörigkeit bisher nicht gehört hatte. Mit dem Lesen lernen verbessert sich neben dem Wortschatz meist sowohl die Grammatik als auch die Aussprache der Kinder erheblich. So ist die Schriftsprache auch für den Spracherwerb eine wertvolle Unterstützung. Bisher erwiderten Erzieherinnen immer wieder zu diesem Thema, die benachbarten Grundschulen wünschen explizit nicht, dass Lesen und Schreiben ein Thema im Kindergarten sein soll. In der Schule seien die Klassen dann vom Lernniveau zu inhomogen. Die Lese- und Schreibfähigkeiten sind jedoch in einer ersten Klasse ähnlich unterschiedlich wie andere Entwicklungsbereiche auch. Es gibt immer Kinder, die schon ein wenig lesen und schreiben können, auch wenn dies nie mit ihnen geübt wurde. Es lässt sich also gar nicht vermeiden, dass die Kinder der ersten Klasse unterschiedliche Voraussetzungen mitbringen. Außerdem geht die Entwicklung zurzeit eher hin zu individuelleren Lernprogrammen und zu einer engeren Verzahnung zwischen Kindergarten und Grundschule, wie mir im Bayrischen Staatsministerium für Unterricht und Kultus bestätigt wurde. Ich befürworte daher sehr, Kindern auch im Kindergarten die Möglichkeit zu geben, sich spielerisch mit Schriftsprache zu beschäftigen, wenn sie von sich aus den Wunsch dazu haben. Das bedeutet, dass neben dem Material für die Feinmotorik, die Wahrnehmung und all die anderen Entwicklungsbereiche auch Material für die Beschäftigung mit Buchstaben und Ziffern zur freien Verfügung stehen sollte. Für Aktivitäten mit einer Gruppe hat sich das „Würzburger Trainingsprogramm zur Vorbereitung auf den Erwerb der Schriftsprache“ bewährt (s. die „Bücher zum Weiterlesen“ im Anhang). Es wurde für Gruppen im Regelkindergarten entwickelt und enthält Spiele wie „Namen klatschen“, „Finde den letzen Laut“, „Wir reimen mit Tiernamen“ und „Spiele mit Sätzen und Wörtern“ (Küspert/ Schneider 2000).

10 Formalitäten und Schreibarbeiten

Zu Beginn muss ich Ihnen leider gleich eine unbefriedigende Auskunft geben: Die Integration behinderter Kinder im Kindergarten ist bundesweit sehr unterschiedlich geregelt. Teilweise existieren innerhalb eines Bundeslandes sogar verschiedene Bestimmungen. Der Verein „Integrativer Kindergarten e. V." schreibt dazu auf seiner Internetseite www.integrativer-kindergarten.de: „Wir wollen damit ausdrücken, dass es ein unhaltbarer Zustand ist, wenn von Bezirk zu Bezirk unterschiedliche Finanzierungsmodelle für Integration im Regelkindergarten festgelegt werden, ohne dass eng damit verzahnt einheitliche pädagogische und qualitätssichernde Rahmenbedingungen von den zuständigen Institutionen erarbeitet und vorgegeben werden!" (25.10. 2002). Ich kann Ihnen in diesem Kapitel anhand von Beispielen aus Bayern Möglichkeiten für Integrationsformen, Anlaufstellen und Antragswege zeigen. Sie bekommen so eine Grundlage, um in Ihrer Region konkret nachfragen zu können, was für die Integration in Ihrem Kindergarten noch zu klären ist. Und – keine Angst vor dem Thema „Schreibarbeiten"! Sie halten sich in Grenzen, und mit den hier aufgezählten Tipps sollten Bedenken vor dem bürokratischen Aufwand bei der Entscheidung für eine integrativen Maßnahme keine Rolle mehr spielen.

10.1 Integrationsformen

1. Integration auf einem regulären Platz
2. Einzelintegration
3. Integrative Gruppe

1. Integration auf einem regulären Platz: Sie können ein hörgeschädigtes Kind auf einen ganz normalen Platz aufnehmen oder es auf diesem Platz belassen, wenn die Schwerhörigkeit erst im Laufe der Kindergartenzeit erkannt wird. Ich habe schon mehrfach erlebt, dass auch auf diesem Weg die Integration sehr erfolgreich verlief. Ein Vorteil ist, dass Sie nicht mehr bürokratischen Aufwand haben als bei jedem anderen Kind. Nachteil ist, dass die Gruppengröße, im Vergleich zur Einzelintegration oder integrativen Gruppe, unverändert bleibt und für das Kind keine zusätzlichen Förderstunden im Kindergarten finanziert und angeboten werden können. Auch der Personalschlüssel bleibt natürlich gleich. Die Unterstützung durch die Frühförderung für hörgeschädigte Kinder, wie sie im nächsten Kapitel beschrieben wird, ist ebenso wie in den anderen Integrationsformen gewährleistet.

2. Einzelintegration: Wählen Sie die Form der Einzelintegration, können Sie die Gruppenstärke um zwei Kinder reduzieren. Pro Gruppe dürfen zwei Einzelintegrationskinder aufgenommen werden. Jedem dieser Kinder muss der Kindergarten zwei Förderstunden pro Woche anbieten. Antworten zu den Fragen, welche Therapien sinnvoll sind und wie Sie geeignete Therapeuten finden, lesen Sie bitte im Kapitel 11 über „Die Zusammenarbeit mit den Fachleuten" nach. In der Gruppe arbeiten eine Erzieherin und eine Kinderpflegerin. Der Antragsweg gleicht dem der Aufnahme in eine integrative Gruppe. Sie finden weiter unten ein Beispiel dafür.

3. Integrative Gruppe: Integrative Gruppen können innerhalb eines Regelkindergartens bestehen oder als ausschließliche Form in integrativen Kindergärten. Regelgruppen können auch durch „Änderung der Betriebsform" in eine integrative Gruppe umgewandelt werden. Diese Gruppen haben maximal 15 Kinder, davon sind drei bis fünf Plätze für Integrationskinder. In diesen Gruppen arbeiten in der Regel eine Erzieherin, eine Erzieherin mit Zusatzausbildung und eine Kinderpflegerin. Auch hier stehen dem Kind zwei Förderstunden pro Woche zu. Es ist naheliegend, dass diese kleineren Gruppen von 15 Kindern dem hörgeschädigten Kind wesentlich bessere akustische Bedingungen bieten: Es herrscht weniger Störlärm, und durch den besseren Personalschlüssel kann das Kind viel häufiger auch direkt angesprochen und individueller betreut werden.

10.2 Antragswege

Es gibt zwei Behörden, die mit der Integration im Kindergarten beschäftigt sind:

1. der überörtliche Sozialhilfeträger
2. der örtliche Sozialhilfeträger

1. Der überörtliche Sozialhilfeträger: Diese Behörden haben bundesweit verschiedene Namen wie z. B. „Bezirk" oder „Wohlfahrtsverband". Die zuständige Behörde trifft mit dem Träger der Einrichtung eine Vereinbarung zu der Integrationsmaßnahme, die sich in die Leistungsvereinbarung des Kindergartens und die Vergütungsvereinbarung der Behörde gliedert. In der Leistungsvereinbarung steht z. B. genaueres über die Anwesenheitszeiten des Kindes, die Anzahl der Förderstunden und wer diese durchführen darf. In der Vergütungsvereinbarung wird die Höhe der Gelder genau festgelegt.

2. Der örtliche Sozialhilfeträger: Der örtliche Sozialhilfeträger, in der Regel das örtliche Sozialamt, ist zuständig für den Antrag auf Eingliederungshilfe. Im engeren Sinn ist der Antrag auf einen Integrationsplatz „die Gewährung von Eingliederungshilfe für behinderte Menschen nach BSHG (Bundessozialhilfegesetz)". Dafür wird festgestellt, ob das Kind behindert oder von einer Behinderung bedroht ist. Diesen Antrag stellen die Eltern für ihr Kind. In der Regel müssen drei Nachweise beigelegt werden:

- eine Bestätigung des Einwohnermeldeamtes über den Wohnsitz
- ein ärztliches Attest über die Notwendigkeit der integrativen Maßnahme mit der Diagnose
- eine Ablehnung der Krankenkasse zur Kostenübernahme

Die Bewilligung erfolgt dann für jeweils ein Jahr oder für die gesamte Zeit bis zur Einschulung. Bis vor einigen Jahren waren integrative Plätze für die Eltern noch kostenlos. Weil mit den Geldern zur Eingliederungshilfe jedoch die Kosten nicht mehr gedeckt werden können, kosten auch diese Plätze jetzt meist den ortsüblichen Tarif für einen normalen Kindergartenplatz.

10.3 Entwicklungsberichte und Förderpläne

Hat das Kind einen Platz in einer integrativen Gruppe oder in Form einer Einzelintegrationsmaßnahme, muss einmal jährlich ein Entwicklungsbericht vom Kindergarten über das Kind geschrieben und an den örtlichen Sozialhilfeträger geschickt werden. Manchmal werden zusätzlich Förderpläne verlangt. Diese Förderpläne gleichen in ihrem inhaltlichen Aufbau den Entwicklungsberichten, beziehen sich aber nur auf die Punkte, in denen das Kind Unterstützung braucht. Grundsätzlich sollten diese Berichte mit den Eltern besprochen werden. Sie sind eine gute Grundlage dafür, sich ausführlich über die Entwicklung des Kindes, die Ziele in der Förderung und die Erwartungen und Wünsche der Eltern auszutauschen. Berichte über Kinder, die den Eltern nicht offen gelegt und nicht mit ihnen besprochen werden, führen zu Unsicherheiten, Ängsten und Misstrauen seitens der Eltern. Jeder möchte verständlicherweise wissen, welche Informationen über sein Kind an andere Stellen weitergegeben werden. Nutzen Sie die Berichte als Gesprächsgrundlage und festigen Sie so das vertrauensvolle und partnerschaftliche Verhältnis zu den Eltern.

Diese Berichte sind nach den einzelnen Entwicklungsbereichen gegliedert. Sie finden im folgenden Beispiele für Fragen und Punkte, die in einem Bericht über ein hörgeschädigtes Kind Bedeutung haben können. Viele Punkte sind natürlich auch für andere Kinder relevant und damit allgemein gültig:

- **familiäre Situation**
- **körperliche Gesundheit und Erscheinungsbild:** Sind Gleichgewichts- oder Schwindelprobleme vorhanden?
- **Sozialentwicklung:** Wie ist der Kontakt des Kindes in der Gruppe zu einzelnen Kindern und zu den Erwachsenen? Wie ist das Konfliktverhalten? Wie werden Regeln beachtet? Wie ist die Stellung in der Gruppe? Nimmt das Kind von sich aus Kontakt auf? Ist es noch sehr auf die Erwachsenen fixiert? Fragt es nach, wenn es etwas nicht verstanden hat?
- **psycho-emotionale Entwicklung:** Wie ist die Grundstimmung des Kindes? Wie ist sein Selbstwertgefühl? Hat es besondere Ängste? Wie ist die Wahrnehmung der Gefühle anderer? Wie selbstbewusst geht das Kind mit seiner Hörschädigung um? Zeigt es z. B. stolz seine bunten Hörgeräte oder sein CI oder versucht es, diese eher unter den Haaren zu verstecken?
- **Kommunikation und Sprache:** Wächst es zweisprachig auf? Ist das Kind kommunikationsfreudig? Ist das Kind sprechfreudig?

  Hat es eine gute Höraufmerksamkeit für Geräusche und Sprache? Kann es Alltagsgeräusche deren Ursachen zuordnen? Benötigt es für das Sprachverständnis immer den Blickkontakt, um die Sprechbewegungen und die Mimik auch sehen zu können, oder versteht es Sprache auch, wenn sie ausschließlich über das Ohr aufgenommen wird, z. B. bei Ansprache von der Seite oder von hinten? Wie gut ist der passive Wortschatz des Kindes, d. h. wie viele Wörter versteht es? Kann das Kind Themenwechseln gut folgen? Hat es Sprachverständnis, das über den Inhalt der momentanen Situation hinausgeht, wenn Sie z. B. über vergangene oder zukünftige Dinge sprechen?

Wie groß ist der aktive Wortschatz, also der, den das Kind beim Sprechen selbst anwendet? Wie gut ist die Verständlichkeit der Aussprache? Versucht es sich verständlich zu machen, wenn es merkt, dass der Partner nicht verstanden hat, oder gibt es schnell auf? Wiederholt es, zeigt es, umschreibt es den Begriff, oder wird es gleich wütend oder zieht sich zurück?

Wie ist die Äußerungslänge und die Grammatik? Spricht es noch in Zwei- und Drei-Wort-Verbindungen oder gelingen schon kurze korrekte Satzmuster? Spricht es schon in komplexen Sätzen mit einigen Grammatikunsicherheiten?

Erzählt es gerne? Nimmt es sprachlich gerne Kontakt auf? Hört es anderen im Dialog zu? Kann es Dialoge zu einem Thema führen oder antwortet es meist nur auf Fragen?

Wie ist seine Stimme? Ist sie z. B. sehr leise, sehr laut, heiser? Hat das Kind eine natürliche Sprechmelodie und Betonung?

Wie ist die nonverbale Kommunikation? Ist das Kind ausdrucksstark? Begleitet es seine Sprache durch viel Gestik und Mimik? Verwendet es Gebärden?

Kennt es schon Buchstaben oder kann es erste Wörter lesen?

- **Spielverhalten:** Wie ist das Spielverhalten allein und in der Gruppe? Bevorzugt es bestimmte Beschäftigungen? Wie ist seine Ausdauer und Frustrationstoleranz (gewinnen, verlieren können, bei Problemen schnell aufgeben oder Lösungen suchen)? Ist das Kind kreativ? Spielt das Kind sehr viel alleine oder sucht es den Kontakt zu anderen Kindern im Spiel? Beobachtet es noch viel, was die anderen Kinder machen, um sich zu orientieren?
- **Selbstständigkeit:** Wie selbstständig ist es beim Essen, Trinken, zur Toilette gehen, Anziehen, Aufräumen, Helfen, Aufgaben übernehmen, Verhalten im Straßenverkehr und bei Ausflügen? Wie selbstständig geht es mit seinen technischen Hörhilfen um? Kann es sie selbst anlegen und abnehmen, ein- und ausschalten, Batterien wechseln? Wenn nicht, sagt es dann der Erzieherin, wenn die Batterien leer sind oder etwas nicht funktioniert? Weiß das Kind, wann es seine Geräte abnehmen muss, wie etwa im Wasser oder bei der Gefahr der elektrostatischen Aufladung beim CI?
- **Motorik:** Wie ist die Grob- und Feinmotorik, gibt es Auffälligkeiten? Hat es Gleichgewichtprobleme, z. B. beim Klettern?
- **Falls mehrere Probleme bestehen, welche stehen im Vordergrund?** Was sind die möglichen Ursachen der Probleme? Sollte noch etwas durch andere Personen oder Stellen abgeklärt werden (Tests, medizinische Untersuchungen, technische Überprüfungen ...).
- **Hauptziele der Förderung:** Was bietet der Kindergarten dazu an: Verbesserung der Höraufmerksamkeit und des Sprachverständnisses durch gezielte Verwendung der FM-Anlage in Gruppengesprächen

und bei Ausflügen. Erweiterung des passiven und aktiven Wortschatzes durch gezielte Dialoge, Gespräche in Kleingruppen und im Stuhlkreis, sowie durch Geschichten, Lieder, Verse und Bilderbücher. Hörspiele zum Erkennen von Geräuschen und Stimmen der anderen Kinder. Förderung der Hörmerkfähigkeit und des Rhythmusgefühles durch das Lernen von Liedern, Versen und durch Rhythmikstunden. Förderung der Dialogfähigkeit durch Regeln im Gruppengespräch. Förderung des Selbstwertgefühls, besonders auch durch Angebote und Bestätigungen in Bereichen, die dem Kind leicht fallen und in denen es seine Stärken hat.

- **Elternarbeit:** Welche Hauptziele haben Sie in der Elternarbeit? Welche Erwartungen und Wünsche haben die Eltern? Konkrete Maßnahmen: Austausch von aktuellen Themen über das Mitteilungsheft. Weitergabe von Liedern, Versen und Geschichten an die Eltern zur Vorbereitung und Wiederholung mit dem Kind zu Hause. Regelmäßige Gespräche mit den Eltern, u. a. zu den Fragen: Wie verläuft die Sprachentwicklung im Alltag? Wie ist die soziale Integration in der Familie und dem sozialen Umfeld? Hat das Kind in der Freizeit Kontakt zu normal hörende Kindern der Umgebung? Hat das Kind auch die Möglichkeit, andere hörgeschädigte Kinder zu treffen?

Mit diesen Kriterien, Ihren täglichen Erfahrungen mit dem Kind und den Beobachtungen der Eltern werden Sie sicher das Schreiben der Berichte gut bewältigen. Auch wenn diese Arbeit im Alltagstrubel oft lästig ist, so ist sie aber ein wertvoller Anlass, sich noch einmal konzentriert und zusammenfassend mit dem Kind, seinen Stärken und Schwächen, seinen Fortschritten und seiner weiteren Unterstützung zu befassen.

11 Die Zusammenarbeit mit den Fachleuten

In der Regel betreuen alle folgenden Stellen und Fachleute zusammen das hörgeschädigte Kind und seine Familie:

1. die pädagogisch-audiologische Beratungs- und Frühförderstelle
2. die pädaudiologisch-phoniatrische Abteilung einer Klinik
3. der Hörgeräteakustiker
4. der HNO-Arzt vor Ort
5. das Cochlear-Implant-Centrum (wenn das Kind ein CI trägt)

1. Die pädagogisch-audiologische Beratungs- und Frühförderstelle: Begegnet Ihnen noch die Bezeichnung „pädoaudiologische Beratungs- und Frühförderstelle", lassen Sie sich dadurch nicht verwirren. Dies war der bisherige Name für diese Einrichtungen. Die Frühförderung sollte sofort nach der Diagnosestellung beginnen und endet spätestens bei Eintritt in eine SVE (schulvorbereitende Einrichtung) für Hörgeschädigte oder bei Schuleintritt. Bei Besuch eines Regel- oder Integrativkindergartens läuft diese Betreuung bis zur Einschulung weiter und schließt auch die Begleitung und Beratung der Erzieherinnen mit ein. Diese Stellen sind den Schulen für Gehörlose oder Schwerhörige zugeordnet und führen neben der Frühförderung auch Hörprüfungen, Überprüfungen der Sprachentwicklung und Elternberatung durch. Zur Zeit ist in Deutschland deutlich die Entwicklung zu sehen, dass die zwei Schultypen zusammengelegt und dann meist „Förderzentrum für Hörgeschädigte" heißen. Denn, die strikte Trennung in „gehörlos" und „schwerhörig" ist heute nur noch in Einzelfällen zu bestimmen: Gehörlose Kinder, die früh ein CI bekommen und hörgerichtet Sprache erwerben, benötigen meist nicht mehr das spezifische Angebot einer Gehörlosenschule, sondern besuchen zum größten Teil Klassen der Schwerhörigenschule oder Regelschule. Auch die zunehmende Früherkennung und die verbesserte medizinische und technische Versorgung insgesamt bewirken, dass das Audiogramm zu Beginn der Diagnose nur wenig über den Weg aussagt, den das Kind in seiner Sprach- und Kommunikationsentwicklung gehen wird.

Manche Eltern entscheiden sich neben der Frühförderung durch die pädagogisch-audiologischen Frühförder- und Beratungsstellen für einen anderen Weg der Förderung und gehen entweder zusätzlich oder ausschließlich zur Sprachtherapie in ein sozialpädiatrisches Zentrum, in eine freie Praxis für Sprachtherapie oder in sonstige Einrichtungen. Wird die Förderung ausschließlich in dieser Form durchgeführt, besteht z. B. in Bayern die Möglichkeit der zusätzlichen „mobilen sonderpädagogischen Hilfe" im Kindergarten: Wenn die Eltern das wünschen, kommt eine Mitarbeiterin der pädagogisch-audiologischen Frühförderstelle in den Kindergarten, um die Erzieherinnen zu beraten und das Kind mit zu fördern. Dies muss natürlich inhaltlich gut mit der sonstigen Sprachförderung abgestimmt werden und erfordert eine enge interdisziplinäre Zusammenarbeit. Wünschen die Eltern diese zusätzliche Hilfe nicht, oder ist diese am Wohnort des Kindes gar nicht möglich (die Regelungen dazu sind schon innerhalb der einzelnen Bundesländer uneinheitlich), sollte die Sprachtherapeutin des Kindes auf jeden Fall eng mit den Erzieherinnen zusammenarbeiten und als Beraterin zur Verfügung stehen. Der Normalfall ist aber, dass die bisherige Frühförderung der pädagogisch-audiologischen Frühförderstelle nach dem Eintritt in den Kindergarten einfach weiterläuft. Diese Fachkraft kommt dann entweder in größeren Abständen in den Kindergarten, steht für Gespräche zu Verfügung, beobachtet das Kind in der Gruppe, gibt ergänzende Tipps für den Umgang mit dem Kind und auch für Maßnahmen zur Verbesserung der Raumakustik. Oder sie kommt wöchentlich, da sie die wöchentliche Frühfördereinheit im Kindergarten durchführt. Wenn das Kind z. B. bisher seine Frühförderung an einem Vormittag hatte und jetzt vormittags den Kindergarten besucht, ist es aufgrund der sehr weiten und oft komplizierten Fahrtrouten der Frühförderung häufig nicht anders möglich, als dass der Termin beibehalten wird und die Stunden im Kindergarten stattfinden und nicht wie bisher in der Familie. Für Sie hat es den Vorteil, dass Sie sich sehr regelmäßig sehen und immer gleich die aktuellen Fragen besprechen können.

2. Die pädaudiologisch-phoniatrische Abteilung einer Klinik: Der Facharzt für Pädaudiologie und Phoniatrie ist für das gesamte Gebiet der kindlichen Hör- und Sprachstörungen zuständig. Normalerweise sind diese Spezialabteilungen an HNO-Kliniken oder sozialpädiatrischen Zentren zu finden. Dort werden die Diagnose gestellt sowie die Hörgeräteanpassung eingeleitet und überwacht; die Eltern werden zu allen Fördermaßnahmen beraten und über die zuständige Frühförderstelle informiert; darüber hinaus finden regelmäßige Kontrollen des Hörvermögens und der technischen Versorgung sowie der Sprach- und Gesamtentwicklung des Kindes statt.

3. Der Hörgeräteakustiker: Er führt in Zusammenarbeit mit der Klinik die Hörgeräteversorgung durch; weiter ist er für alle zusätzlichen technischen Hilfen zuständig, wie z. B. für die FM-Anlage. Falls Probleme mit der Anlage im Kindergarten auftreten, wenden sich die Eltern damit an den Akustiker. Eine Kinderversorgung und die regelmäßigen Kontrollen sollten nur durch einen erfahrenen und speziell fortgebildeten Hörgeräteakustiker erfolgen. Leider müssen die Eltern dafür auch heutzutage oft noch weite Wege in Kauf nehmen.

4. Der HNO-Arzt vor Ort: Er ist wichtig als Anlaufstelle bei akuten Problemen wie z. B. Mittelohrentzündungen, Paukenergüssen, Paukenröhrchenkontrolle, Gehörgangsentzündungen oder Ohrschmalzentfernung. Auch er führt Hörprüfungen, Hörgeräteanpassungen und Kontrollen durch. Handelt es sich jedoch um Säuglinge und Kleinkinder, macht dies der Facharzt für Pädaudiologie und Phoniatrie in seiner Spezialpraxis oder in der Klinik.

5. Das Cochlear-Implant-Centrum (wenn das Kind ein CI trägt): Im Cochlear-Implant-Centrum (Abk.: CIC) werden die Kinder mit CI entweder ambulant oder jeweils für mehrere Tage stationär betreut. Dort werden die CIs überprüft und die Einstellungen verfeinert. Außerdem finden Förderstunden, Entwicklungsuntersuchungen und Elternberatungen statt. Für jedes Kind wird eine festgelegte Anzahl von Reha-Tagen von der Krankenkasse bezahlt. Natürlich ist immer ein Elternteil dabei. Zu Beginn finden diese Aufenthalte in kurzen Abständen von wenigen Wochen statt, später seltener. Bei ambulanten Terminen in einem CIC in Wohnortnähe können die Termine auch einmal wöchentlich sein. Zwei bis drei Jahre nach der Operation sind diese Rehatage in der Regel beendet; die Kinder fahren dann nur noch bei Problemen oder zu jährlichen Kontrollen in das CIC.

Je nach den örtlichen Bestimmungen für die Integration hat das Kind außer der Frühförderung noch Anspruch auf weitere Therapiestunden im Kindergarten (s. auch Kapitel 10 „Formalitäten und Schreibarbeiten“). Die Art dieser zusätzlichen Förderung muss unbedingt gemeinsam mit den Eltern und der Frühförderin entschieden werden. Besonders bewährt haben sich hier Musiktherapie, Ergotherapie, heilpädagogische Therapie oder auch Montessoritherapie. Wenn das Kind keinerlei sonstige Probleme in seiner Entwicklung hat, ist besonders die Musiktherapie eine ideale Ergänzung zur Frühförderung oder Sprachtherapie hörgeschädigter Kinder. Falls eine Logopädin gewählt wird, sollte diese Erfahrung mit sehr jungen hörgeschädigten Kindern haben und sehr eng mit der Frühförderung zusammenarbeiten, damit im selben Fachgebiet ergänzend und nicht gegenläufig gearbeitet wird. Ich kenne auch ein Kind, bei dem die Einzelförderung durch eine Erzieherin durchgeführt wird, die stundenweise in den Kindergarten kommt; dies geschieht in enger Zusammenarbeit mit der Frühförderin und verläuft sehr positiv, da sie sich als Kollegin mit den Erzieherinnen der Gruppe sehr gut verständigen kann. Wenden Sie sich bei der Suche nach geeigneten Therapeuten entweder an die jeweiligen Berufsverbände und Organisationen (siehe „Adressen" im Anhang) oder auch an die heilpädagogischen Frühförderstellen vor Ort. Sie finden diese Einrichtungen unter dem Träger der Lebenshilfe e. V. oder ähnlichen Vereinen und Verbänden. Diese können immer wieder Therapeuten vermitteln, die Kinder in Regelkindergärten mitbetreuen. Sprechen Sie darüber auch mit der Frühförderin. Sie kennt andere hörgeschädigte Kinder, die ebenfalls im Regelkindergarten betreut werden und kann ihnen vielleicht bewährte Fachleute nennen. Falls das Kind zusätzliche Entwicklungsprobleme hat, müssen die Angebote gut überlegt und koordiniert werden. Bewährte, bereits laufende Therapien sollten natürlich weiterhin außerhalb des Kindergartens durch die Eltern wahrgenommen werden; das Kind sollte nicht zu viele Bezugspersonen erhalten. In der Förderung gilt der Grundsatz: Qualität vor Quantität. Auch für Sie ist es sinnvoll, eine Hauptansprechpartnerin zu haben. Das wird neben den Eltern in der Regel die Frühförderin sein. Außerdem sollte das Therapieangebot regelmäßig überdacht und eventuell auch neuen Gegebenheiten angepasst werden. So hatte z. B. Jens, ein Kind mit CI, das einen Einzelintegrationsplatz in einer Regelgruppe hatte, im ersten Jahr zusätzlich Musiktherapiestunden im Kindergarten, im Jahr vor der Einschulung dann Montessoritherapie.

Ob Sie schon vor der Aufnahme ein Gespräch mit der zuständigen Fachkraft wünschen, oder erst, wenn Sie das Kind schon etwas kennen gelernt haben, entscheiden Sie selbst am besten. Selbstverständlich sollten Sie die Eltern immer davon informieren, wenn Sie zu mitbetreuenden Fachleuten Kontakt aufnehmen und ihnen anschließend vom Inhalt des Gespräches berichten. Wenn Sie sich noch mehr zu dem Thema „Hörschädigung bei Kindern" informieren möchten, kann die Frühförderin Ihnen Zeitschriften, Bücher und Fortbildungsangebote nennen (s. auch Anhang „Bücher zum Weiterlesen"). Vielleicht kann sie auch einmal eine interne Fortbildung in Ihrer Einrichtung geben. Fragen Sie bei Interesse einfach danach.

Für die Zusammenarbeit mit den Fachleuten gilt somit das gleiche wie in der Elternarbeit: Nur durch Offenheit lernt man den anderen und seine Arbeit kennen und kann somit gut kooperieren. „Ein Miteinander kann jedoch nur durch Transparenz der Arbeit entstehen, das heißt, Erzieherinnen, Therapeutinnen und Kinder müssen die Möglichkeit haben, einander bei der Arbeit und beim Spiel zuzuschauen, um voneinander zu lernen. [...] Zeitrahmen, Kooperationsformen und Aufgabenverteilung sollten möglichst genau besprochen werden, um Missverständnisse möglichst gering zu halten" (Fritzsche/Schastock 2001, 63f).

Finden die Frühförderstunden im Kindergarten statt, ist es nicht sinnvoll, ausschließlich alleine mit dem hörgeschädigten Kind in einem anderen Raum zu arbeiten. Wie auch schon im Kapitel 5 über die Sprachentwicklung der Kinder erläutert wurde, kann Hör- und Sprachentwicklung nicht in einzelnen Stunden pro Woche gefördert werden, sondern es geht darum, dem Kind dabei zu helfen, aktiv im Alltag Sprache zu erweben. Aus diesem Grund sollten Einzelstunden eher die Ausnahme sein. Sehr viel wichtiger ist die Förderung in Kleingruppen, wie sie bereits im Kapitel 9 über die Förderung in der Gruppe beschrieben wurde. Das Kind erlebt dabei Alltagskommunikation unter besseren Hörbedingungen. Doch auch die Förderung des Kindes innerhalb der gesamten Gruppe hat ihren Stellenwert: „... so sollten doch viel mehr geeignete Situationen im Gruppenablauf dazu genutzt werden, therapeutisches Wissen und Können als situationsbezogene Hilfe und Unterstützung anzubieten" (Fritzsche/Schastock 2001, 25). Außerdem verliert die Therapie den Anstrich des „Geheimnisvollen" und das Kind kommt viel weniger in eine Sonderrolle, wenn sie nicht nur in Form von Einzelstunden stattfindet. Ein anderer wichtiger Punkt ist die Praxisbegleitung und -anleitung der Erzieherinnen. Die Frühförderin kann verschiedene Situationen wie den Stuhlkreis, die Brotzeit oder das Spiel im Garten beobachten und Ihnen Rückmeldung geben, was in Ihrem Kommunikationsverhalten günstig und hilfreich war; sie kann zusätzliche Tipps geben und falls nötig erläutern, wie schwierige Situationen zu Stande kommen, ob diese mit der Hörschädigung in Verbindung stehen und wie Sie mit der Situation bestmöglichst umgehen können.

Irgendwann wird sich die Frage stellen, was für das hörgeschädigte Kind nach dem Kindergarten kommt. Auch diese Frage ist wieder nur ganz individuell zu klären. So gibt es z.B. gehörlose Kinder mit CI, die sich so gut entwickeln, dass sie die Regelschule besuchen. Andererseits kann ein mittelgradig schwerhöriges Kind, das spät erkannt wurde, zusätzliche Teilleistungsstörungen hat oder einfach sehr unsicher und schüchtern ist, in der Schwerhörigenschule den richtigen Platz für die ersten Jahre finden. Die Entfernung spielt ebenfalls eine Rolle: So besucht Hatice mit ihrer mittel- bis hochgradigen Schwerhörigkeit die Schule zur individuellen Sprachförderung im Nachbarort, da die Schwerhörigenschule mit einer Busfahrt von über einer Stunde verbunden wäre.

Außerdem gibt es spezielle Förderschulen für hörgeschädigte Kinder mit Zusatzbehinderungen. Auch innerhalb der Förderschulen wird zunehmend umgekehrte Integration angeboten, das heißt, normal hörende Kinder besuchen Klassen für Hörgeschädigte. Es gibt auch Integrationsmodelle an Regelschulen, die über eine Einzelintegration auf einem ganz normalen Schulplatz hinausgehen. Nicht zu vergessen sind Schulen mit alternativen Pädagogikformen. Hier habe ich persönlich besonders gute Erfahrungen mit Montessorischulen gemacht. Die hörgeschädigten Kinder können durch die Freiarbeitsphasen entspannter lernen, da sie dabei nicht in der großen Gruppe einer Person zuhören müssen, und mit vielen Inhalten durch den konkreten Umgang mit dem Material vertraut werden. Sie sehen: es gibt auch hier eine Vielfalt von Möglichkeiten.

Die besten Empfehlungen können hierzu in interdisziplinären Gesprächen erarbeitet werden, in denen jeder seine Eindrücke und Erfahrungen mit dem Kind schildert. Dazu gehören neben den Fachleuten natürlich in erster Linie die Eltern mit ihren Beobachtungen und Wünschen.

Die Zusammenarbeit mit den Fachleuten sieht je nach Kind und Integrationsform ganz verschieden aus. Ich erinnere mich an Kinder, die einen ganz normalen Platz in einer Regelgruppe hatten. Dort habe ich zu Beginn eine Beratung durchgeführt, im Abstand von vielen Monaten fanden Telefongespräche statt und vor der Einschulung fuhr ich noch einmal in den Kindergarten, um die Meinung der Erzieherin zur Schulfrage zu hören. Bei anderen Kindern besuche ich zwei-, dreimal im Jahr die Gruppe, beobachte bestimmte Situationen und gebe der Erzieherin ein Feedback. Außerdem unterhalten wir uns ausführlich über das Kind. Auch die wöchentlichen Frühförderstunden habe ich bei einzelnen Kindern im Kindergarten durchgeführt und war so in sehr kontinuierlichem Kontakt mit den Erzieherinnen. Egal, wie nun die Situation in Ihrer Gruppe aussieht: Die beste Garantie für eine fruchtbare Zusammenarbeit ist Offenheit. Sprechen Sie Ihre Wünsche und Erwartungen an die zuständige Fachkraft aus, sagen Sie, was für sie hilfreich ist und auch, womit sie in der Zusammenarbeit nicht zurecht kommen.

Schluss

In ihrem Buch „Ein Kindergarten für alle" schreiben die Autorinnen, „dass Alltag eben auch im Integrationskindergarten ein ganz normaler Alltag mit Höhen und Tiefen, mit Problemen und Erfolgen ist" (Fritzsche/Schastok 2002, 12). Diese Einstellung ist für eine realistische Erwartungshaltung sicher hilfreich.

Zu Beginn dieses Buches wurde ganz allgemein auf die Vorteile von Integration auch für die nicht behinderten Kinder hingewiesen. Zum Schluss noch einige spezifische Punkte, welche die Erzieherinnen in den Interviews auf meine Frage „was war positiv für die Gruppe" geantwortet haben:

- *„Das anschauliche Material war auch für die Jüngeren hilfreich. Es wurden damit viele Sinne angesprochen."*
- *„Durch mehr Gesprächsdisziplin lernten die Kinder den bewussteren Umgang mit Sprache."*
- *„Die Kinder lernten Geduld zu haben im Gespräch mit anderen."*
- *„Sie konnten erleben, wie wertvoll Sprache ist."*
- *„Die Kinder haben etwas Neues kennen gelernt: Was es bedeutet, schwerhörig zu sein, welche technischen Hilfen es gibt, dass es nicht selbstverständlich ist, dass man hören kann, das auch schwerhörige Kinder fröhlich sein können, Freunde haben, sprechen können und ganz normal spielen."*

„Anders gesehen führen uns behinderte Kinder vor Augen, wie lebenswert und erfüllt jedes Leben sein kann; damit relativiert sich manche Vorstellung darüber, was das Glück eines Lebens bedingt." (Pfreundner 1995, 16)

Das Schlusswort überlasse ich der Gruppenleiterin einer integrativen Gruppe in einem Montessorikindergarten, die von ihren Erfahrungen mit Barbara berichtet, welche Sie bereits im Kapitel 6.1 „Tipps zur Eingewöhnung" kennen gelernt haben:

„Die Arbeit mit Barbara war das Interessanteste, was ich bisher gemacht habe. Es war für mich eine faszinierende Herausforderung, den Schlüssel zu dem Kind zu finden, die Tür aufzumachen, den Zugang zu finden, über die Sprache und die anderen Sinne. Ich habe eine große Entwicklung bei dem Kind erlebt, besonders nachdem sie ihr CI bekommen hat. Im Vergleich zu anderen Behinderungen ist die Hörschädigung eine greifbare Behinderung, bei der man durch entsprechendes Verhalten viel bewirken und verändern kann, wenn man bereit ist, sich darauf einzustellen."

Danksagung

Dieses Buch entstand maßgebend durch das Engagement und die Offenheit von Erzieherinnen und Heilpädagoginnen, die ihre Erfahrungen mit mir teilten. Sie alle haben gehörlose und schwerhörige Kinder mit Cochlea-Implantaten oder Hörgeräten jahrelang und sehr erfolgreich in Gruppen an ihrem Wohnort integriert. Herzlichen Dank an alle, die sich die Zeit genommen haben, die Entstehung dieses Ratgebers zu unterstützen.

Besonderer Dank gilt auch der Frühbetreuung hörgeschädigter Kinder an der Johannes-Wagner-Schule Nürtingen, den fachkompetenten und geduldigen Korrekturleserinnen Ulla Rees, Sabine van Deun und Dr. Barbara Renner, sowie Elke Stallwitz für die graphische Unterstützung und nicht zuletzt meinem Mann, Dr. Anton Batliner.

Anhang

Fachbegriffe

Adenotomie (Abk. AT): operative Entfernung der Adenoide (= Rachenmandeln, Polypen)

aktive Sprache: die selbst gesprochene Sprache, auch expressive Sprache genannt. Der aktive Wortschatz umfasst alle Wörter, die man selbst spricht, der passive Wortschatz alle Wörter, die man versteht.

akustische Ereignisse: alles, was wir hören können: reine Töne, Geräusche, Musik und Sprache

Anamnese: Vorgeschichte eines Patienten

Aplasie: Ein Organ ist nicht ausgebildet, z. B. die Ohrmuschel fehlt.

Artikulation: die Bewegungen der Sprechorgane wie Lippen, Zunge, Kiefer beim Erzeugen der ⇒ Sprachlaute, auch Sprechmotorik genannt

Audiogramm: das Formular, in das die Messwerte der Ton- und ⇒ Sprachaudiometrie eingetragen werden

Audiometrie: die Messung des Hörvermögens. Es gibt die subjektive und die objektive Audiometrie. In der subjektiven werden Prüfverfahren verwendet, bei denen der Prüfer mit Tönen und Sprache über das Audiometer subjektiv beurteilen muss, ob eine Hörreaktion vorlag oder ein Wort korrekt gehört und nachgesprochen wurde. Zu der objektiven Audiometrie gehören Prüfverfahren, bei denen Geräte die Beurteilung des Hörvermögens übernehmen. Teilweise bedürfen aber auch diese Ergebnisse einer subjektiven Auswertung durch Fachleute, wie etwa die Kurven einer ⇒ BERA-Messung.

auditive Wahrnehmung: die Verarbeitung alles Gehörten im Gehirn und der Höreindruck, der dadurch entsteht. Dazu gehört etwa, Störschall (z. B. Geräusch der Spülmaschine) von Nutzschall (z. B. Sprache der Mutter) zu unterscheiden, das Richtungshören, oder den Inhalt von Wörtern zu verstehen.

Aufblähkurve: die Messkurve im ⇒ Audiogramm, welche die Hörreaktionen mit Hörgeräten oder ⇒ CI wiedergibt. Die Werte werden mit kleinen Quadraten eingezeichnet.

BERA: Abkürzung für **B**rainstem **E**voced **R**esponse **A**udiometry. Objektive Hörprüfung in ⇒ Sedierung oder Narkose. Vereinzelt wird sie auch bei Säuglingen im natürlichen Schlaf durchgeführt. Es werden über Elektroden am Kopf des Kindes die Hirnströme gemessen, während über Kopfhörer Töne gegeben werden. Die Messung kann über ⇒ Luft- und ⇒ Knochenleitung durchgeführt werden.

Cochlea: das griechische Wort für „Schnecke“, Bezeichnet das Innenohr, das wie ein Schneckenhaus geformt ist

Cochlea Implantat (Abk. CI): elektronische Hörhilfe, die im Gegensatz zum Hörgerät den Schall nicht verstärkt, sondern den Hörnerv künstlich reizt. Zum CI gehören die implantierten Teile – die Elektroden im Innenohr und der Empfänger unter der Haut – sowie die äußeren Teile: die Sendespule, das Mikrofon und der Sprachprozessor. Das CI wird auch als Innenohrimplantat bezeichnet.

Cortisches Organ: Im Cortischen Organ wird der Schall in Nervenimpulse umgewandelt. Es befindet sich in der ⇒ Cochlea und besteht u. a. aus den Haarzellen.

Dezibel (Abk. dB): Verhältnismaß für die Schallintensität. 0 dB bezeichnet die Schallintensität, die ein normal hörender Mensch über Kopfhörer benötigt, um einen Ton gerade eben wahrnehmen zu können.

Down-Syndrom: wird auch als „Trisomie 21“ bezeichnet, da das Chromosom 21 dreimal vorhanden ist. Wurde von dem Arzt L. Down entdeckt. Die diskriminierende Bezeichnung „Mongoloismus“ wird nicht mehr verwendet.

Dysplasie: angeborene Fehlbildung, wie z. B. eine Ohrmuscheldysplasie

Ergotherapie: In der Kindertherapie behandeln ErgotherapeutInnen verschiedenste Störungsbilder ab dem Babyalter. Das können z. B. Verhaltensauffälligkeiten, Störungen der ⇒ Fein- und ⇒ Grobmotorik sowie Wahrnehmungsstörungen sein. Die Tätigkeiten in der Ergotherapie sind sehr vielseitig. So wird mit den Kinder z. B. geschaukelt, gelaufen, geklettert, aber auch mit verschiedenen Materialien gewerkt, gebastelt und gespielt.

Eustachische Röhre: auch „Tube“ genannt. Verbindung zwischen Mittelohr und Nasen-Rachenraum. Durch Öffnen und Schließen der Eustachischen Röhre beim Schlucken geschieht der Luftdruckausgleich im Mittelohr. Bei Problemen spricht man von „Tubenfunktionsstörung“ oder „Belüftungsproblemen im Mittelohr“.

Feinmotorik: die Bewegung der Finger, die Handgeschicklichkeit

FM-Anlage: Abkürzung für **F**requenz-**M**odulations-Anlage. Es handelt sich um eine drahtlose Mikrofonanlage. Das Kind trägt einen Empfänger, der über Kabel oder auch kabellos mit den Hörgeräten oder dem ⇒ CI verbunden ist. Der Gesprächspartner trägt einen Sender mit Mikrofon. Besonders nützlich ist die FM-Anlage bei der Überbrückung weiter Entfernungen und bei Störlärm.

Frequenz: Bezeichnung für die Tonhöhe, z. B. in der ⇒ Audiometrie

Fühlwerte: Töne, die in der ⇒ Audiometrie nicht gehört, sondern nur über Vibration gefühlt werden. Das betrifft tiefe Töne, die mit hoher Lautstärke angeboten werden.

Gebärdensprache: Es ist zu unterscheiden zwischen der Deutschen Gebärdensprache (DGS), dem Fingeralphabet, lautsprachbegleitenden Gebärden

(LBG) und lautsprachunterstützenden Gebärden (LUG). Die DGS ist eine eigenständige Sprache, die sich in ihrer Form wesentlich von der Lautsprache unterscheidet. Es ist ein Sprachsystem für sich. Das Fingeralphabet dient zum Buchstabieren einzelner Wörter und wird z. B. für Fremdwörter oder Eigennamen benutzt. LBG wird begleitend zur Lautsprache benutzt. Diese Gebärden folgen also der lautsprachlichen Struktur. LUG wird nur für einzelne Begriffe begleitend zur Lautsprache benutzt.

Gehörgangsatresie: Der äußere Gehörgang ist verschlossen oder gar nicht angelegt. Eine angeborene Form der Missbildung

Grobmotorik: die Bewegungen der Arme, Beine und des ganzen Körpers, wie z. B. Klettern, Laufen, Springen, Schaukeln, Sitzen, Liegen

HdO-Prozessor (**H**inter-**d**em-**O**hr-Prozessor): Sprachprozessor eines ⇒ Cochlea Implantates, der hinter dem Ohr getragen wird im Gegensatz zum Taschenprozessor

Hertz (Abk. Hz): Maßeinheit für die Tonhöhe

HNO-Status: Untersuchung von Hals, Nase, Ohren und Mund durch einen HNO-Arzt oder Pädaudiologen / Phoniater

Höralter: Dieser Begriff wird bei gehörlosen und hochgradig hörgeschädigten Kindern verwendet und bezeichnet den Zeitraum ab der Hörgeräte- oder ⇒ CI-Versorgung bis zum derzeitigen Alter.

Hörschwelle: Die Hörschwelle ist auch bei normal hörenden Erwachsenen leicht unterschiedlich. Sie bezeichnet die Werte im ⇒ Audiogramm, bei denen ein Ton gerade eben wahrgenommen wird, die Testperson also ohne technische Hörhilfen zu hören beginnt. Sie liegt beim normal hörenden Erwachsenen meist bei 0–10 dB.

Impedanzmessung: Messung der Trommelfellbeweglichkeit (⇒ Tympanometrie) und der ⇒ Stapediusreflexe

Knochenleitungshörgeräte: Der verstärkte Schall wird über Vibrationsgeber, die hinter dem Ohr auf dem Schädelknochen aufliegen, direkt zum Innenohr geleitet. Das Mittelohr wird damit umgangen. Diese spezielle Hörgeräteversorgung ist z. B. bei Missbildungen der äußeren Gehörgänge oder Ohrmuscheln notwendig. Bei Kleinkindern sind die Geräte in ein Stirnband eingearbeitet. Später ist auch eine Konstruktion ähnlich einem Haarreif möglich.

Knochenleitungsmessung: Die Messtöne werden nicht über Lautsprecher oder Kopfhörer gegeben, sondern über einen Vibrationsgeber, der hinter dem Ohr auf dem Schädelknochen angelegt wird. Die Töne werden somit direkt zum Innenohr geleitet. Deshalb wird dabei ausschließlich die Innenohrleistung gemessen.

Luftleitungsmessung: Die Messtöne werden über Lautsprecher oder Kopfhörer gegeben und über die Luft, das Trommelfell und die Gehörknöchelchenkette an das Innenohr weitergeleitet. Dabei wird die Mittelohr- und Innenohrleistung gemeinsam gemessen.

Meningitis: Gehirnhautentzündung. Als Folgen dieser Krankheit können u. a. Hörstörungen bis zur völligen Gehörlosigkeit auftreten.

monaural, binaural: einohrig, beidohrig. Bei einer beidohrigen Versorgung mit Hörgeräten oder ⇒ CI spricht man auch von „bilateraler Versorgung".

Neurophysiologie: Wissenschaft zur Erforschung der Nervenfunktionen und somit auch der Hirnfunktionen

OAE-Messung: Abkürzung für **O**to-**A**kustische-**E**missionen. Es wird der Effekt gemessen, dass das Innenohr bei Reizung nicht nur Schall aufnimmt, sondern auch produziert, ähnlich einem Echo. Dies kann mit einem ganz empfindlichen Mikrofon gemessen werden und zeigt, dass der Hörreiz, der von außen gegeben wurde, vom Innenohr „beantwortet" wird. Diese Messung ist eine reine Aussonderungsuntersuchung bis 35 dB. Wenn die OAE-Messung auffällig ist, kann daher eine Hörstörung vorliegen, die nur leichtgradig ist, bis hin zur völligen Gehörlosigkeit. Daher müssen bei Auffälligkeiten im Anschluss immer genauere Messverfahren durchgeführt werden, wie z. B. eine ⇒ BERA.

Ohrpassstück: wird auch „Otoplastik" genannt und ist das Verbindungsstück zwischen Hörgerät und äußerem Gehörgang bzw. beim ⇒ CI zwischen Mikrofon und Ohrmuschel (nur Haltefunktion). Es muss durch einen Abdruck individuell angefertigt, und wenn das Ohr wächst, auch immer wieder erneuert werden.

Pädaudiologie: ärztliches Fachgebiet für kindliche Hör- und Sprachentwicklungsprobleme

Pädagogisch-audiologische Beratungs- und Frühförderstellen: pädagogisch geleitete Einrichtungen zur Beratung und Frühförderung hörgeschädigter Kinder und deren Familien

Parazentese: Operation mit Schnitt im Trommelfell und Absaugen der Flüssigkeit im Mittelohr

Paukenerguss: Flüssigkeitsansammlung im Mittelohr

Paukenhöhle: Teil des Mittelohres. Lufthaltiger Raum hinter dem Trommelfell

Paukenröhrchen: Kunststoff- oder Metallröhrchen (ca. 1 mm lang), die operativ in das Trommelfell (Grenze zwischen äußerem Gehörgang und Mittelohr) eingelegt werden und in der Mitte eine Öffnung haben, um die Belüftung des Mittelohres zu verbessern. Dies ist notwendig, wenn die Belüftung über die ⇒ Eustachische Röhre (= Tube) nicht ausreichend funktioniert.

positives recruitment: ein Phänomen, das relativ häufig bei hörgeschädigten Menschen vorkommt: Sie fangen später an zu hören, brauchen also mehr Lautstärke, haben aber auch früher ihre Unbehaglichkeitsschwelle, bei der sie einen Ton als schmerzhaft empfinden. Das heißt, laute Töne, die ein Mensch ohne positives recruitment noch gut ertragen kann, werden bereits als schmerzhaft laut empfunden. Das ist sehr wichtig für die korrekte Hörgeräteeinstellung oder ⇒ CI-Anpassung.

Prosodie: alle Anteile der gesprochenen Sprache, die ausmachen, wie wir etwas sagen. Das sind die Melodie, die Betonung, die Pausen und der Rhythmus.

Resthörigkeit: minimales Hörvermögen, das zwischen hochgradiger Schwerhörigkeit und völliger Gehörlosigkeit liegt.

Sedierung: Ruhigstellung eines Patienten durch ein Medikament, z.B. zur Durchführung einer Untersuchung

Spielaudiometrie: Durch eine Spielhandlung zeigt das Kind, ob es über Lautsprecher oder Kopfhörer einen Ton gehört hat. Meist werden einfache Steckspielzeuge verwendet. Das Kind steckt ein Klötzchen im Sinne der Antwort: „Jetzt habe ich etwas gehört".

Sprachabstandstest: Ein Prüfer spricht aus einem definierten Abstand ein Wort und das Kind muss das Wort wiederholen oder das entsprechende Bild zeigen.

Sprachaudiometrie: Von einer CD werden über das Audiometer Wörter vorgespielt, die entweder nachgesprochen oder auf Bildtafeln gezeigt werden.

Sprachlaut: die kleinste Einheit der gesprochenen Sprache. Der Sprachlaut unterscheidet sich teilweise vom geschriebenen Buchstaben. Wenn z. B. der Buchstabe „x" geschrieben steht, sprechen wir die Laute „ks".

Stapediusreflex: Muskelreflex im Mittelohr, der bei lauten Tönen die Gehörknöchelchenkette versteift und damit die Weiterleitung des Schalls zum Innenohr abschwächt, um es zu schützen

Stethoclip: Abhörbügel für die tägliche Kontrolle der Hörgeräte. Damit können die Hörgeräte durch den Erwachsenen abgehört und grobe Übertragungsfehler oder Wackelkontakte zu Hause erkannt werden.

SVE: Abkürzung für **S**chul**v**orbereitende **E**inrichtung. Einrichtungen mit Kleingruppen für Kinder mit speziellem Förderbedarf, meist angegliedert an die jeweiligen Förderschulen, beispielsweise SVE für hörgeschädigte Kinder oder SVE für entwicklungsverzögerte und sprachauffällige Kinder

Synapse: Verbindungsstelle zwischen zwei Nervenfasern

Tympanometrie: Messung der Trommelfellbeweglichkeit. Durch die Erzeugung von leichtem Über- und Unterdruck im äußeren Gehörgang wird geprüft, ob das Trommelfell frei schwingen kann. Daraus kann man schließen, ob das Mittelohr gut belüftet ist, das heißt, ob der Luftdruckausgleich über die ⇒ Eustachische Röhre funktioniert.

Literatur

Amorosa, H. (2002): Auditive Wahrnehmungsstörungen. In: fiduz – Infoblatt der medizinischen Abteilung der Arbeitsstelle Frühförderung Bayern, 5. Jahrgang, 2/2002

Batliner, G. (2001): Hörgeschädigte Kinder spielerisch fördern. Ein Elternbuch zur frühen Hörerziehung. Ernst Reinhardt, München/Basel

Becker-Textor, I. (1990): Behinderte und nichtbehinderte Kinder im Regelkindergarten. Teil 1 Praxiserfahrungen mit Integration. In: kindergarten heute, Heft 3, 1990, 36–42

Clark, M. (2002): Wie hörgeschädigte Kinder sprechen lernen. In: Spektrum Hören Nr. 3, August 2002, 36, Hrsg. Bundesgemeinschaft der Eltern und Freunde hörgeschädigter Kinder e. V., Hamburg

Clark, M. (1989): Language Through Living for hearing impaired children. Hodder and Stoughton, London

Fritzsche, R.; Schastock, A. (2002): Ein Kindergarten für alle – Kinder mit und ohne Behinderung spielen und lernen gemeinsam. Luchterhand, Berlin

Green, R. (1999): Audiological identification and assessment. In: Stokes, J. (Hrsg.): Hearing Impaired Infants. Whurr Publisher, London

Jacobs, H.; Schneider, M.; Weishaupt, J. (1996): Hören-Hörschädigung. Informationen und Unterrichtshilfen für allgemeine Schulen. Broschüre des Paritätischen Wohlfahrtsverbandes Hessen, Frankfurt

Kießling, J. (2002): Endlich wieder besser hören. Trias, Stuttgart

Küspert, P.; Schneider, W. (2000): Hören, lauschen, lernen. Sprachspiele für Kinder im Vorschulalter. Würzburger Trainingsprogramm zur Vorbereitung auf den Erwerb der Schriftsprache. Vandenhoeck & Ruprecht, Göttingen

Martin, S.; Martin, U. (1998):Ein hörgeschädigtes Kind im Kindergarten! Hör- und Sprachentwicklung bei hörgeschädigten Kindern – und wie können Regeleinrichtungen dazu beitragen? In: Schnecke 20, 21–22

Nickisch, A.; Heber, D.; Burger-Gartner, J. (2001): Auditive Verarbeitungs- und Wahrnehmungsstörungen. Diagnostik und Therapie. Modernes Lernen, Dortmund

Pfreundner, M. (1995): Wenn Integration zur Realität wird. In: kindergarten heute 11/12, 14–23

Schmid-Giovannini, S. (1995): Ratschläge für Kindergärtnerinnen in Regelkindergärten. Internationales Beratungszentrum für Eltern hörgeschädigter Kinder Meggen, Eigenverlag

Wendlandt, W. (2000): Sprachstörungen im Kindesalter. Materialien zur Früherkennung und Beratung. 4. Aufl. Thieme, Stuttgart/New York

Zwicker, E. (1982): Psychoakustik. Springer, Berlin/Heidelberg/New York

Bücher zum Weiterlesen

In dieser Auswahl finden Sie je ein Buch zu den folgenden Schwerpunktthemen: Förderung hörgeschädigter Kinder (1), Diagnostik und Behandlung von Hörstörungen (2), Sprachspiele für Kindergartengruppen (3), Anlaufstellen (4) und Sprachstörungen allgemein (5).

Literaturlisten mit weiteren Büchern können Sie über die Adressen der Vereine und Verbände im Anhang "Adressen" beziehen.

1. Batliner, Gisela (2001): Hörgeschädigte Kinder spielerisch fördern. Ein Elternbuch zur frühen Hörerziehung. Ernst Reinhardt, München/Basel

2. Keilmann, Annerose (2000): Kann mein Kind richtig hören? Hörschwächen erkennen – Richtig behandeln – Tests und Spiele, die fördern. Ravensburger, Berlin

3. Küspert, P.; Schneider, W. (2000): Hören, lauschen, lernen. Sprachspiele für Kinder im Vorschulalter. Würzburger Trainingsprogramm zur Vorbereitung auf den Erwerb der Schriftsprache. Vandenhoeck & Ruprecht, Göttingen

4. Hartmann, H.; Hartmann, K. (1999): Anlaufstellen in der Bundesrepublik Deutschland für Eltern hörgeschädigter Kinder. Hrsg.: Bundesgemeinschaft der Eltern und Freunde hörgeschädigter Kinder e. V., Pirolkamp 18, 22397 Hamburg (s. auch Anhang „Adressen")

5. Wendlandt, W. (2000): Sprachstörungen im Kindesalter. Materialien zur Früherkennung und Beratung. Thieme, Stuttgart/New York

Adressen

Bundesgemeinschaft der Eltern und Freunde hörgeschädigter Kinder e. V. mit der Zeitschrift „Spektrum Hören" und zahlreichen Ratgeberheften und Tagungsberichten

Pirolkamp 18
2 23 97 Hamburg
Tel.: 0 40 / 6 07 03 44
Fax: 0 40 / 6 07 23 61
e-mail: post@bundesgemeinschaft.de und spektrum-hoeren@t-online.de
Internet: www.bundesgemeinschaft.de

Deutsche Cochlear Implant Gesellschaft e.V. mit der Zeitschrift „Schnecke" und zahlreichem Informationsmaterial

Rosenstr. 6
8 92 57 Illertissen
oder
Postfach 30 32
8 92 53 Illertissen
Tel.: 0 73 03 / 39 55
Fax: 0 73 03 / 4 39 98
e-mail: dcigev@t-online.de
Internet: www.dcig.de

Kindernetzwerk e. V. für kranke und behinderte Kinder
Zentrale Stelle für Auskünfte zu Selbsthilfegruppen und weiterführenden Informationen zu nahezu allen kindlichen Krankheiten oder Behinderungen mit dem Nachschlagewerk „Elternselbsthilfegruppen. Wer hilft weiter?"

Hanauerstr. 15
6 37 39 Aschaffenburg
Tel.: 0 60 21 / 1 20 30 oder 01 80 / 5 21 37 39
e-mail: Info@kindernetzwerk.de
Internet: www.kindernetzwerk.de

www.integrativer-kindergarten.de

Wenn Sie Therapeuten suchen, hier die Adressen der jeweiligen Berufsverbände:

Deutscher Verband der **Ergotherapeuten e. V.**
Postfach 22 08
7 63 03 Karlsbad
Tel.: 0 72 48 / 91 81-0
Fax: 0 72 48 / 91 81 71

e-mail: info@ergotherapie-dve.de
Internet: www.ergotherapie-dve.de

Berufsverband der **Heilpädagogen (BHP) e.V.**
Andreas-Gayk-Straße 13
2 41 03 Kiel
Tel.: 04 31 / 9 71 04 00
Fax: 04 31 / 9 71 04 01
e-mail: info@heilpaedagogik.de
Internet: www.heilpaedagogik.de

Montessori-Berufsverband
Geschäftsstelle
Frau Krettner-Suttor
Steinbach 2
8 41 52 Mengkofen
Tel.: 0 87 74 / 13 42
Fax: 0 87 74 / 4 24
e-mail: suttor@t-online.de

Deutsche Gesellschaft für **Musiktherapie e.V.**
Libauerstr. 17
1 02 45 Berlin
Tel.: 0 30 / 29 49 24 93
Fax: 0 30 / 29 49 24 94
e-mail: info@musiktherapie.de
Internet: www.musiktherapie.de

Gesellschaft für **Orff-Musiktherapie**
Karwendelstraße 22
8 21 52 Krailling
e-mail: info@orff-musiktherapie-gesellschaft.de

Nordoff/Robbins Musiktherapie
Institut für Musiktherapie
Universität Witten/Herdecke
Alfred-Herrhausenstr. 50
5 84 48 Witten
Tel.: 0 23 02 / 92 67 82
Fax: 0 23 02 / 92 67 83
e-mail: gabib@uni-wh.de

Die **Professor Ernst Lehnhardt-Stiftung** führt eine Liste von Kindergärten, die bereits Erfahrung mit der Integration von Kindern haben, die ein Cochlea Implantat tragen. Diese Liste ist in erster Linie für Eltern gedacht. Sinnvoll ist die Auswahl des Kindergartens über diese Liste natürlich nur, wenn wirklich ein Kindergarten in unmittelbarer Nähe aufgeführt ist, da sonst die Vorteile der wohnortnahen Integration wegfallen. Die Liste bietet auch für Erzieherinnen eine Möglichkeit zum Austausch mit anderen Einrichtungen. Auch Sie können sich eintragen lassen:

Professor Ernst Lehnhardt-Stiftung
Gaihofstr. 23
7 94 24 Auggen
Fax: 0 76 31 / 1 23 74
e-mail: m.lehnhardt@t-online.de

Gisela Batliner
Hörgeschädigte Kinder spielerisch fördern

Ein Elternbuch zur frühen Hörerziehung

2001. 162 Seiten
9 Abb.
(3-497-01555-5) kt

Viele Eltern sind erst einmal verunsichert und besorgt, wenn sich herausstellt, dass ihr Kind hörgeschädigt ist. Dieses Buch hilft Eltern, wieder Sicherheit im täglichen Umgang mit ihrem hörgeschädigten Kind zu gewinnen. Anschaulich erklärt die Autorin Wissenswertes über das Hörvermögen, die Diagnose, Hörgeräte, die Hör- und Sprachentwicklung im Eltern-Kind-Dialog und Fördereinrichtungen. In einer Fülle von Beispielen schildert sie, wie man die Vielfalt der alltäglichen Situationen und die Interessen des Kindes für die Hörentwicklung und Sprachanbahnung nutzen kann. Die praxisnahe und lebendige Beschreibung zahlreicher Spielsituationen motiviert zum Ausprobieren und Nachmachen.

Pressestimme

„In meinem jahrzehntelangen Berufsleben als Pädagoge für hörgeschädigte Kinder habe ich nur selten einmal ein Buch über die pädagogische Förderung hörgeschädigter Kinder mit so viel Freude, Interesse und Anteilnahme gelesen wie das von Gisela Batliner vorgelegte Elternbuch ‚Hörgeschädigte Kinder spielerisch fördern'. (...) Dieses Buch ist der bisher bedeutendste Buchbeitrag zum Thema Frühförderung hörgeschädigter Kinder im 21. Jahrhundert, und das ganz gewiss nicht nur für Eltern, sondern auch für Audiopädagogen, Logopäden und Therapeuten." *Spektrum Hören*

Matthias Rüter / Frank Mayer
Mein Kind kann hören

Wenn gehörlose Kinder mit dem Cochlear Implant, einer Innenohrprothese, versorgt werden, können sie „hören“ – aber noch nicht „verstehen“. Ein langer Spracherwerbsprozess beginnt, der, wie auch bei normalhörenden Kindern, Jahre dauern wird.
Dieser Ratgeber zeigt, wie Eltern ihr Kind in diesem Prozess begleiten können. Er ist aus der täglichen Praxis zweier erfahrener Therapeuten entstanden und orientiert sich an der natürlichen Eltern-Kind-Kommunikation. Eltern und Therapeuten betroffener Kinder erhalten viele Anregungen und Antworten auf wichtige Fragen:
Wie geht es nach der Operation weiter?
Was kann mit einem Cochlear Implant erreicht werden, was nicht?
Wie können Eltern ihr Kind unterstützen, dass es Hören, Verstehen und Sprechen lernt?

Tipps zur sprachlichen Anregung von Kleinkindern mit dem Cochlear Implant

Mit einem Vorwort von Roland Laszig

2001. DIN A4
28 Seiten. 12 Abb.
(3-497-01575-X) geh

Pressestimme

„Eine rundum empfehlenswerte Lektüre für Eltern, LogopädInnen und alle, die Kleinkindern mit CI begegenen.“ *Forum Logopädie*

Annette Leonhardt
Einführung in die Hörgeschädigtenpädagogik

2., neu bearb. u. erw. Auflage 2002
252 Seiten
Zahlr. Abb. u. Tab.
76 Übungsaufgaben
UTB-M
(3-8252-2104-0) kt

Das Buch bietet einen grundlegenden und systematischen Überblick über die Aufgaben und Ziele der Hörgeschädigtenpädagogik, Arten von Hörschäden und deren Auswirkungen sowie diagnostische Aspekte und Fördermöglichkeiten in verschiedenen Altersstufen und Organisationsformen. Die Aufgabenfelder der Hörgeschädigtenpädagogik reichen von der Früherziehung über die vor- und nebenschulische Förderung, den Unterricht in Sonder- und Allgemeinen Schulen bis zur nachschulischen Begleitung. Zusätzliche Einsatzgebiete kristallisieren sich durch neue Erkenntnisse aus der Cochlea Implantat-Versorgung, der Sprachentwicklungsforschung, Linguistik, Hörphysiologie und Gerontologie heraus.

Pressestimme

„Das Buch verdient aus mehr als einem Grund positive Aufmerksamkeit: Es schließt eine schmerzliche Lücke, indem es das Fachgebiet übersichtlich und bei aller gebotenen Kürze anschaulich und verständlich darstellt und es stellt die Probleme heraus, die die Entwicklung innerhalb der Pädagogik der Hörbehinderten zu blockieren drohen: Grundsatzstreitigkeit über Methoden und Begriffsinhalte. ... Ein sehr empfehlenswertes Buch für alle Einsteiger in die Hörgeschädigtenpädagogik."

Die Sprachheilarbeit

reinhardt

Ernst Reinhardt Verlag • München Basel
E-Mail: info@reinhardt-verlag.de
http://www.reinhardt-verlag.de